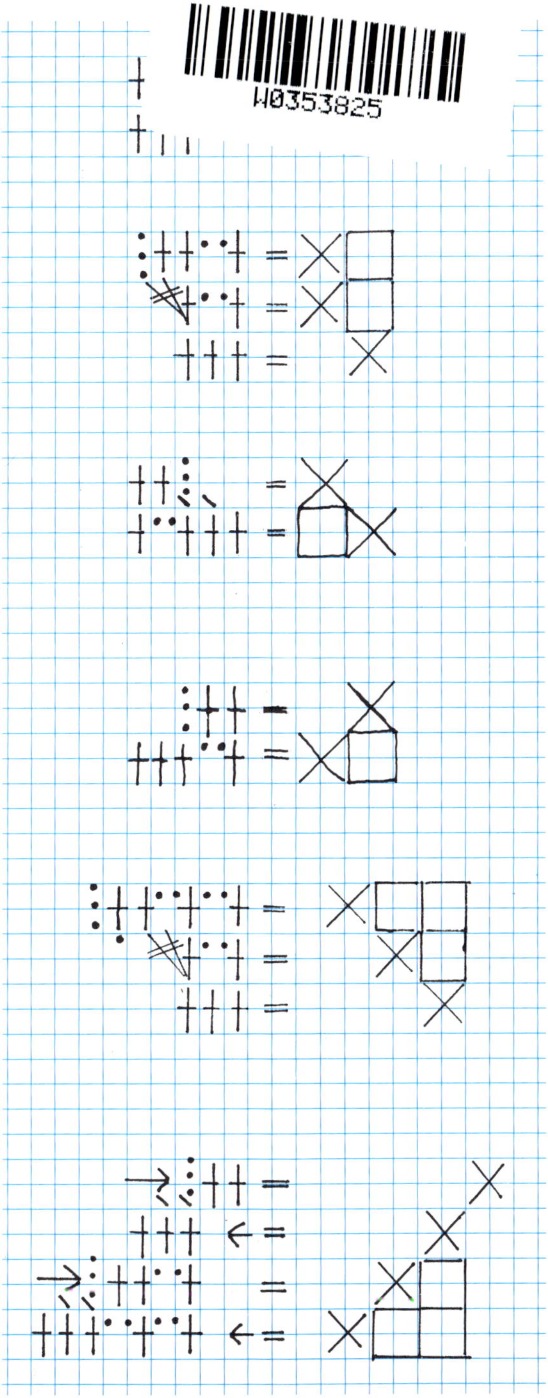

Zunehmen eines Kästchens am Anfang der Reihe:
4 Lm. Das 1. Stb in die 4. Lm von der Nadel aus, 1 weiteres Stb auf das letzte Stb der Vorreihe.

Zunehmen eines Kästchens am Ende der Reihe:
2 Dstb in das letzte Stb, 3 Lm und 2 weitere Stb bilden das gefüllte Kästchen über dem zugenommenen Stb.

Abnehmen eines Kästchens am Anfang der Reihe:
2 Km auf die beiden Stb der Vorreihe. 3 Lm und 2 weitere Stb als neues gefülltes Kästchen.

Abnehmen eines Kästchens am Ende der Reihe:
Die beiden letzten Stb bleiben unbehäkelt stehen. Neuanfang eines gefüllten Kästchens mit 3 Lm, dem 2 weitere Stb folgen.

Zunehmen eines Kästchens in jeder Reihe:
Nachdem man mit 2 Dstb 1 Kästchen zugenommen hat, häkelt man 4 Lm. 1. Stb in die 4. Lm von der Nadel aus und 1 weiteres Stb auf das äußerste Dstb.

Abnehmen eines Kästchens in jeder Reihe:
Man häkelt 2 Km auf die 2 Stb der Vorreihe. 3 Lm und 2 Stb bilden das neue gefüllte Kästchen. Bei der folgenden Reihe bleiben die 2 letzten Stb umbehäkelt.

Filet-Häkelei ist wieder modern geworden. Da sie aus der Zeit des Biedermeier stammt, begegnet sie uns meistens in Rosenranken, Putten und anderen verspielten Motiven. Eigentlich ist die Filet-Häkelei eine Imitation der Filetarbeit, in der ein Netz geknüpft wurde, das man dann mit einem Muster bestickte. Bei der Filet-Häkelei werden Gittermuster und Motiv in einem Arbeitsgang gehäkelt. Es macht Spaß, das Muster wachsen zu sehen, zumal die Technik einfach ist: man häkelt nur Luftmaschen (Lm) und Stäbchen (Stb).

Wir unterscheiden zwischen leeren Kästchen und gefüllten Kästchen. X bedeutet gefülltes Kästchen; leeres Karo bedeutet leeres Kästchen. Ein Kästchen besteht hier aus 2 Stb, die entweder durch 2 Lm verbunden werden = leeres Kästchen oder mit 1 Stb um den Lmbogen ausgefüllt werden = gefülltes Kästchen.

Zur Verdeutlichung hier das Muster auch in Häkelschrift.

Die Handarbeitsgeschäfte bieten eine Fülle von Farben in *mercerisiertem* Baumwollgarn an, um dieses Hobby neu zu beleben. Holzrahmen, Gardinenstangen, Metallringe und -rahmen kann man ebenfalls in Fachgeschäften kaufen, so daß es uns leicht gemacht wird, unser Fenster einmal anders zu gestalten.

Filet-Häkelei und Fenster passen gut zueinander, denn das Licht spielt bei dieser Handarbeit eine besondere Rolle. Erst ein-

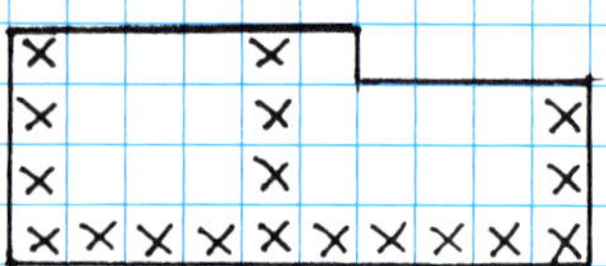

X *gefülltes Kästchen*

☐ *leeres Kästchen*

• *1 Stb*

┼ *1 Lm*

Hinweis:
Abweichungen von dieser Häkeltechnik sind jeweils angegeben.

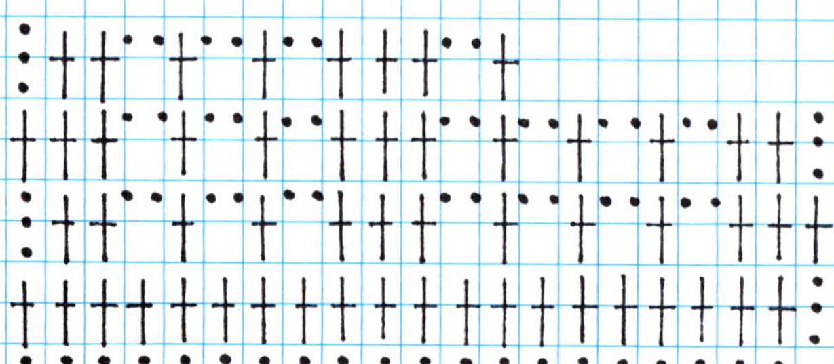

mal läßt sie durch ihre vielen leeren Kästchen des Gittermusters genügend Licht von draußen herein. Darüber hinaus aber bekommt diese Handarbeit ihren Reiz durch die verschiedene Wirkung des Motivs: bei hellem Licht von außen kommen Farbe und Form des Bildes voll zur Geltung, während abends beim Lampenlicht das Motiv klar hervortritt. Die Filet-Häkelei wirkt also unterschiedlich bei hellem oder dunklem Hintergrund.

Filet-Häkelei und Fenster passen auch deshalb gut zusammen, weil so die Möglichkeit entsteht, die Fenster mit einzubeziehen in Art, Farbe und Charakter unseres Zimmers. Man kann Motive arbeiten, die genau zu unserer modernen Wohnungseinrichtung passen. Weil die Gardine wegfällt und die Fensterbank frei wird, können wir diese ebenfalls in die Gestaltung des Zimmers mit einbeziehen, so daß eine Einheit geschaffen werden kann zwischen Zimmer und Fenster. Auch die Farbe kann ein Bindeglied sein zwischen Zimmereinrichtung und Fenster: ein Fenster muß nicht immer weiß dekoriert werden. Gelbe Bilder oder Vorhänge wirken auch an grauen Tagen wie Sonnenschein, und bunte Schmetterlinge am Fenster sehen immer nach Frühling aus. Durch die Filet-Häkelei kann man das Fenster „hereinholen“, so daß es ein wichtiger Bestandteil des Zimmers wird. Das Fenster ist dann nicht nur ein Abschluß des Zimmers nach außen hin, sondern es wird mit hineingenommen in den Charakter des Zimmers.
Die Filet-Häkelei bietet darüber hinaus die Möglichkeit, die Gestaltung des Fensters häufiger zu wechseln. Im Winter kann das Fenster ganz anders aussehen als im Sommer. Ein roter Stern und ein Eiskristall sind sehr dekorativ zur Weihnachtszeit, danach aber finden wir wahrscheinlich ein Blumenmotiv schöner oder eine Landschaft mit Sonne und Bergen.

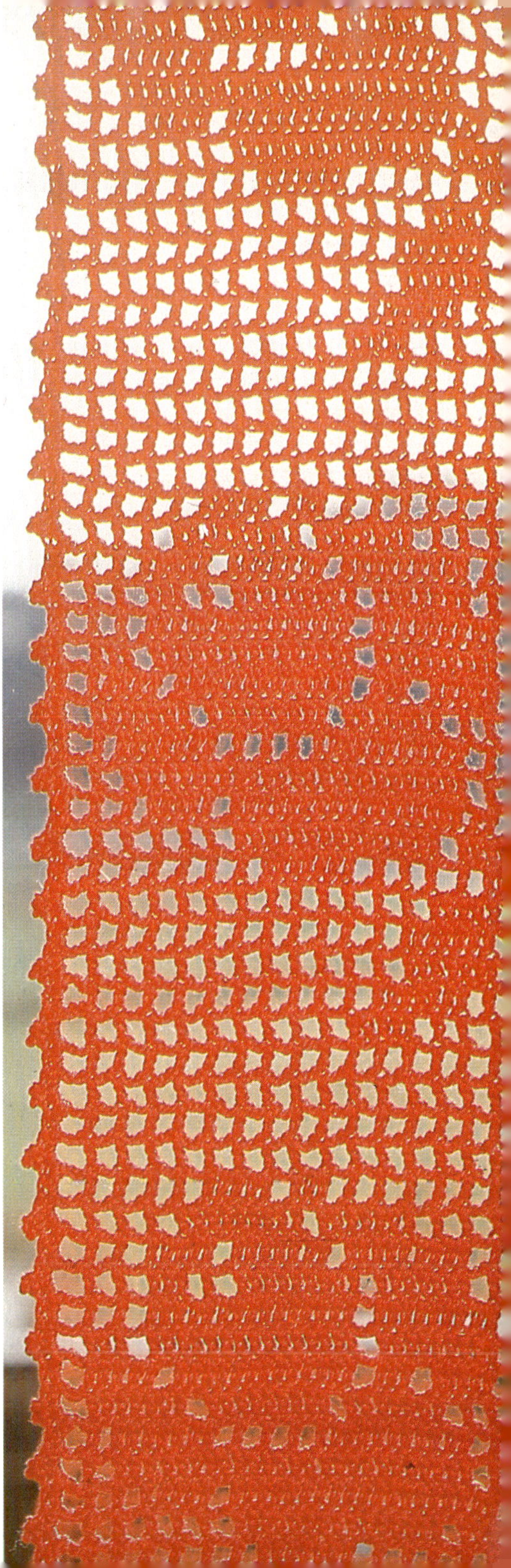

Beispiele für Fensterbilder

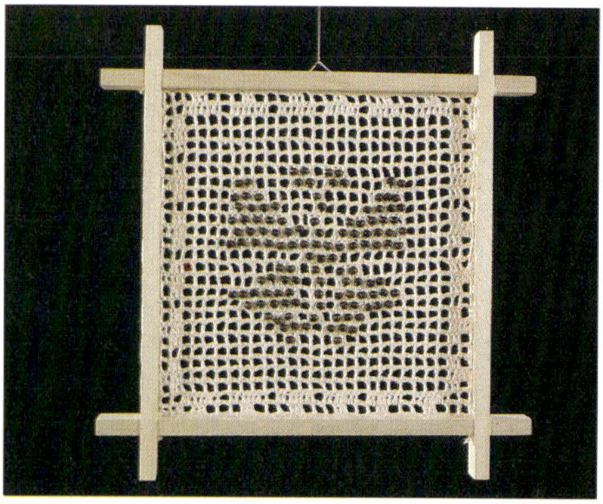

Zwei interessante Abwandlungen der klassischen Filet-Häkelei sind die Arbeiten mit Perlen und der Wechsel zwischen Positiv- und Negativ-Mustern. Andere Abwandlungen:
Stopfstich, Seite 11
2-Farben-Technik, Seite 18
Popcornmasche, Seite 37 + 48

Dieses Buch will Ihnen Anregungen geben, Ihr Fenster einmal anders zu gestalten. Vielleicht bekommen Sie auch Lust, die Motive anders auszuführen, als es im Buch gezeigt ist. Wenn Sie plastische Muster lieben, sollten Sie sich für die Popcornmaschen als Technik des Motivs entscheiden. Der Stopfstich hingegen eignet sich gut, um Farbe in das Bild zu bringen. Je mehr eigene Ideen Sie verwirklichen, umso mehr Spaß haben Sie an der Handarbeit.

Die erste Frage wird sein, ob es – wegen des Einblicks – nötig ist, das ganze Fenster zu bedecken. Es ist erstaunlich, wie häufig schon ein kleiner Vorhang oder ein Fensterbild einen guten Sichtschutz bieten und darüber hinaus dem Fenster seine „Nacktheit" nehmen. Vielleicht reicht es, nur einen Teil des Fensters zu behäkeln.
Die Aufhängung der Vorhänge ist nicht kompliziert. Auch die Dekorationsgeschäfte haben sich auf die neue Möglichkeit der Fenstergestaltung eingestellt und bieten neben den üblichen Spanngardinenstangen – teils zum Ausziehen, teils zum Einklemmen – Metallstangen mit Clips oder Holzstangen, Barockstangen mit Ringen oder Plastikstangen an. Dazu gibt es die passenden Halterungen in Metall, Holz oder Plastik. Außerdem haben wir die Möglichkeit, Vorhänge oder Bilder einfach auf die Scheibe aufzukleben, z.B. mit tesa fix, Doppelband, zweiseitig klebend. Das hat einen überraschend unmittelbaren Effekt, weil die Aufhängevorrichtung entfällt.
Bei manchen Doppelfenstern läßt sich auch zwischen den Scheiben Vorhang oder Bild anbringen.
Für ein Fensterbild bietet uns der Fachhandel Metallringe, Metallrahmen und Holzrahmen in allen Größen an. Sucht man eine besondere Form, gibt es die Möglichkeit,

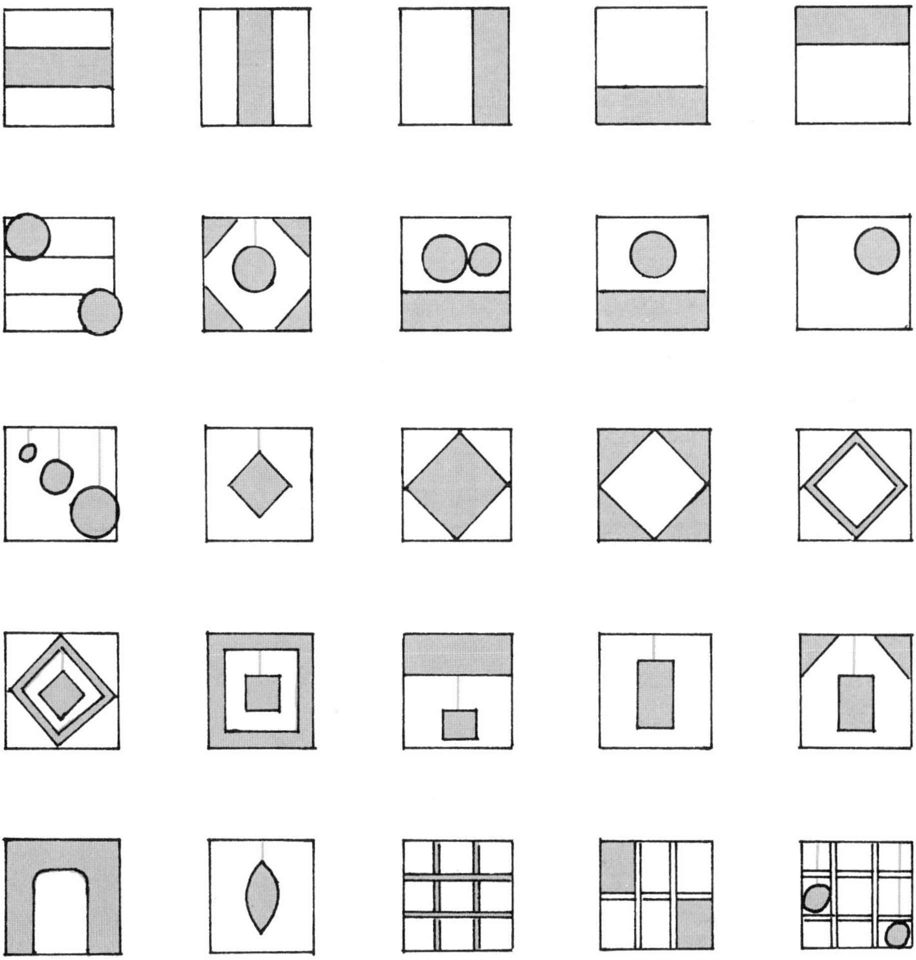

Plastikplatten zu kaufen und mit der Laubsäge diese besondere Form auszusägen, z. B. ein Oval. Das Bild wird zwischen 2 Plastikscheiben gelegt, die Ränder mit Klebestreifen verbunden und ein Loch für die Aufhängung an einem Perlonfaden gebohrt.
Man kann sich auch einen Rahmen selbst anfertigen mit Profilleisten aus dem Fachgeschäft. Es gibt auch die Möglichkeit, einen Rahmen, der schon auf Gehrung zugeschnitten ist, zu kaufen.
Besonders reizvoll ist eine Kombination von Fensterbild und Vorhang.

Filet-Häkelei und Fenster passen auch deswegen gut zusammen, weil wir die Fensterform dadurch optisch verändern können.
Aus einem normalen Fensterschnitt kann man ein Sprossenfenster häkeln. Umrandungen des Fensterrahmens und ein Bild dazu in der Mitte lassen die Fensterform ganz anders erscheinen. Dreiecke und Rauten sowie Bogenformen lassen die rechteckige Form des Fensters ganz zurücktreten. Sie werden überrascht sein, wie viele Möglichkeiten Sie finden werden.

Fische

Dieses Bild bekommt seinen besonderen Reiz durch den Wechsel von positiver und negativer Häkelei: das Motiv erscheint einmal in gefüllten Stb und einmal mit leeren Kästchen im gefüllten Umfeld.

Material:
125 g lila Baumwollgarn, z. B. von Sesia Nr. 3 oder Picaud Art. 330.
Häkelnadel Nr. 2,5.
1 Messingstange mit Ringen, ca. 65 cm lang.

Größe des Bildes:
58 x 30 cm

Anleitung:
Beginn mit 169 Lm. 1. Stb in die 9. Lm = 1. leeres Kästchen. 3 Lm häkeln und 1 Stb in die folgende 3. Lm = 2. leeres Kästchen. Nach 27 leeren Kästchen beginnen die gefüllten Kästchen. Es ist günstig, zum Abschluß 1 Reihe fm um das ganze Bild zu häkeln, die leeren Kästchen bekommen dann einen besseren Halt.

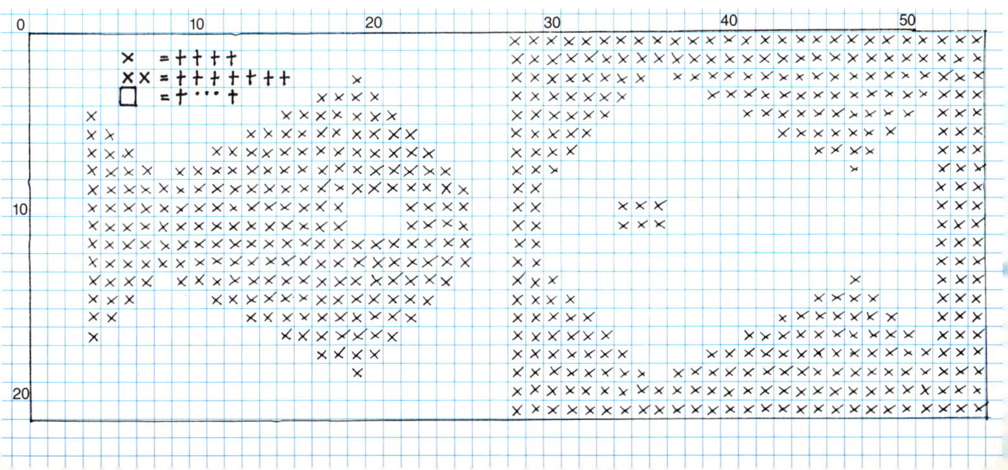

Der Außenseiter

Material:
100 g blaues Baumwollgarn Cablé Garn Lara oder Filati Grignasco Nr. 8 oder entsprechendes Häkelgarn, Häkelnadel Nr. 2. 1 Messingstange, ca. 70 cm lang, mit Clips.

Anleitung:
Sie beginnen die Arbeit an der Seite. Das hat bei einem Vorhang den Vorteil, daß Sie nur die Höhe, aber nicht die Länge des Werkstücks von vornherein festlegen müs-

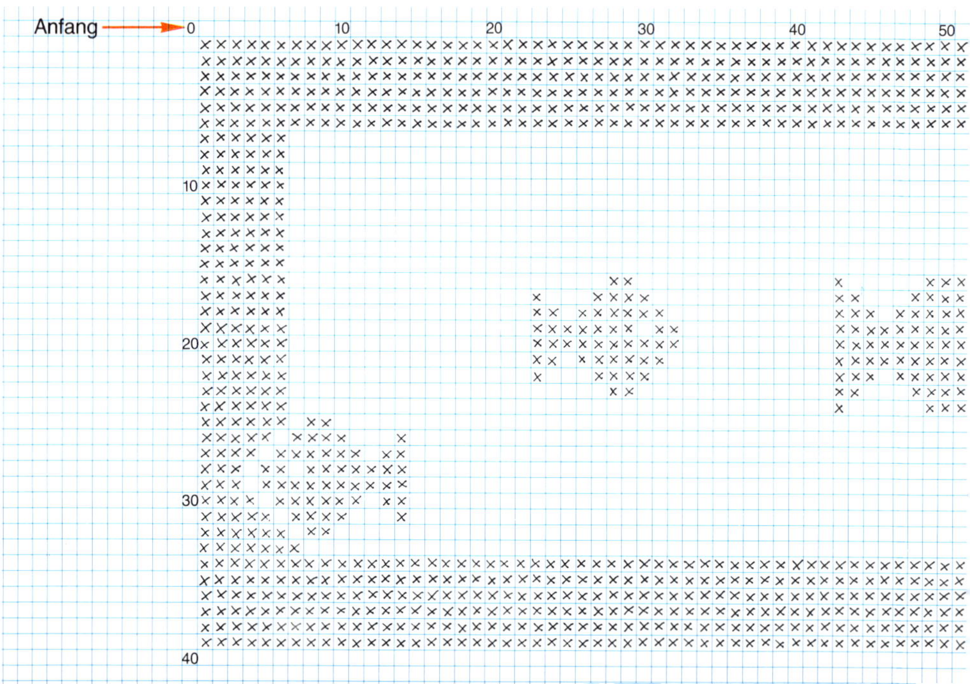

sen. Außerdem brauchen Sie nicht als erstes so viele Luftmaschen anzuschlagen. Hat Ihr Fenster nicht die angegebenen Maße, ändern Sie die Zwischenräume zwischen den Fischen ab.

Das Motiv erscheint beim Häkeln von der Seite her genau so klar, wie bei den Bildern, die wir ja in der Regel von unten oder oben beginnnen.
Anschlag mit 81 Lm. Die 1. 3 Reihen werden Stb gehäkelt; erst in der 4. Reihe beginnt das Motiv.
Der Vorhang ist an einer Messingstange mit Clips aufgehängt. Man kann sie in Dekorationsgeschäften kaufen.

Als Abschlußrand häkeln Sie 4 Stb in 1 Masche und 4 Lm im Wechsel. In der 2. Reihe kommt auf jedes Stb 1 fm und in dem Lmbogen 4 fm.
Damit die obere Kante besonders nett aussieht, häkeln Sie in diesen Lmbogen 6 fm und in die Mitte 1 Picot (s. Zeichnung auf der hinteren Umschlagseite).

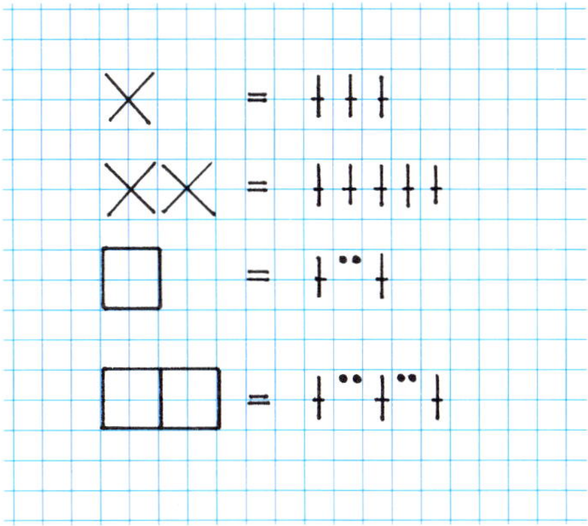

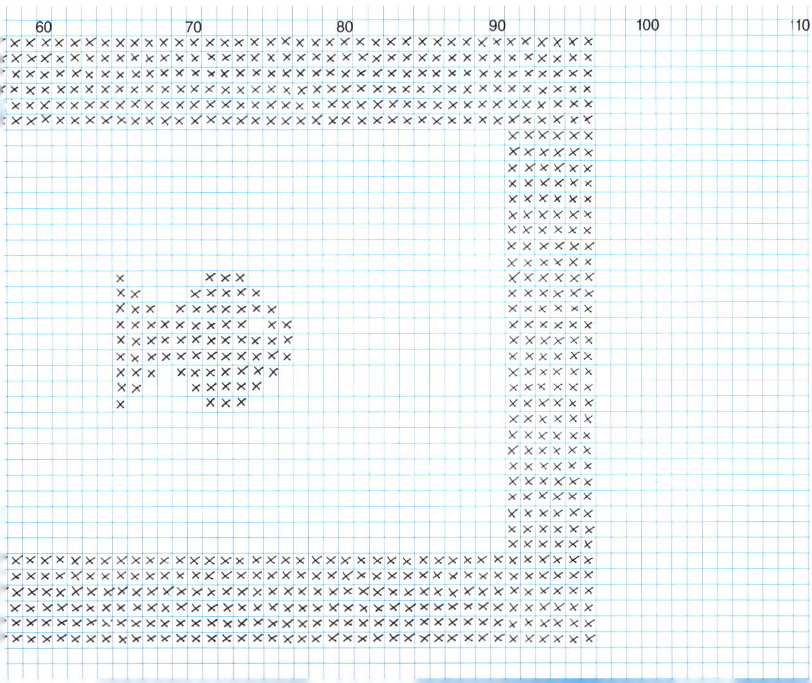

Größe:
64 x 27 cm

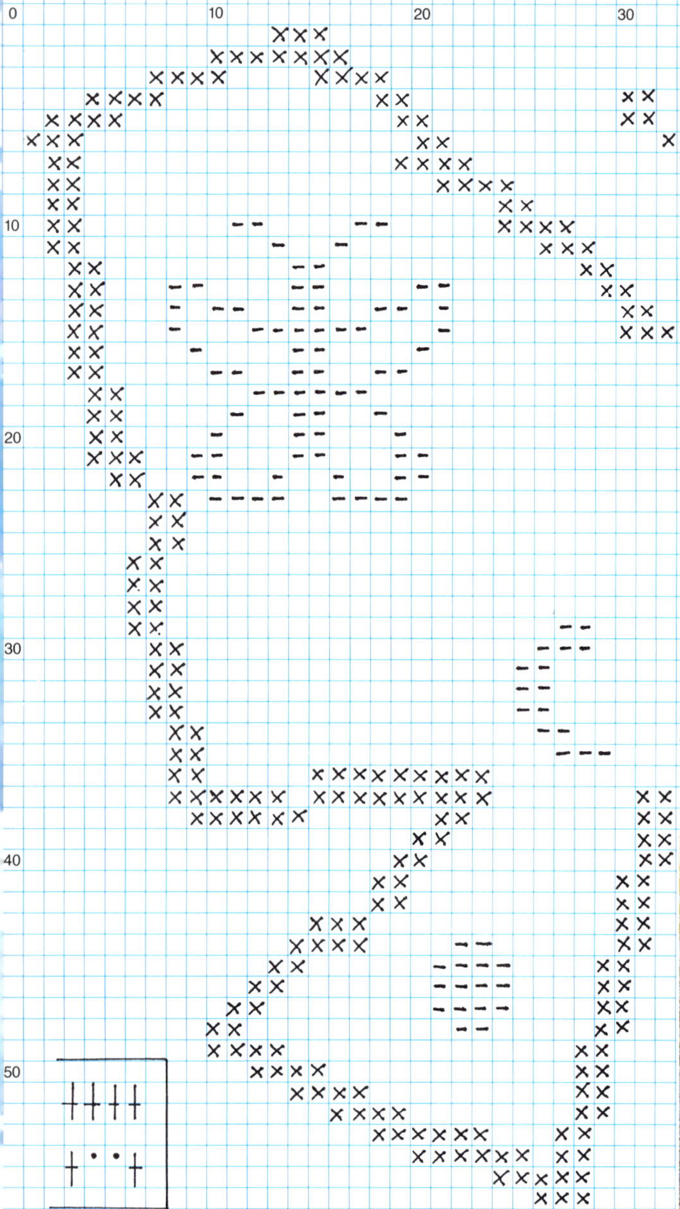

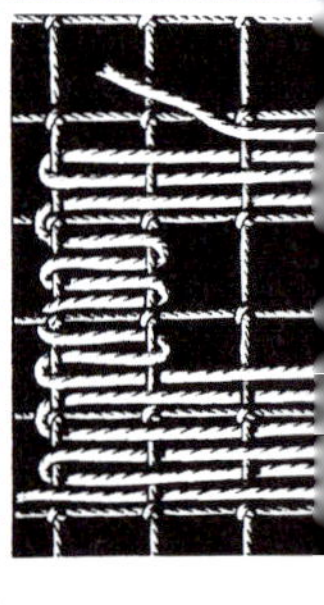

Diese Zeichnung zeigt nur die Hälfte der Arbeit, die Mitte ist markiert.

Die bunten Motive – Ei, Larve, Schmetterling – werden nach dem Spannen der fertigen Arbeit mit Stopfstich eingewebt (s. Grafik und Detailfoto).

Schmetterling

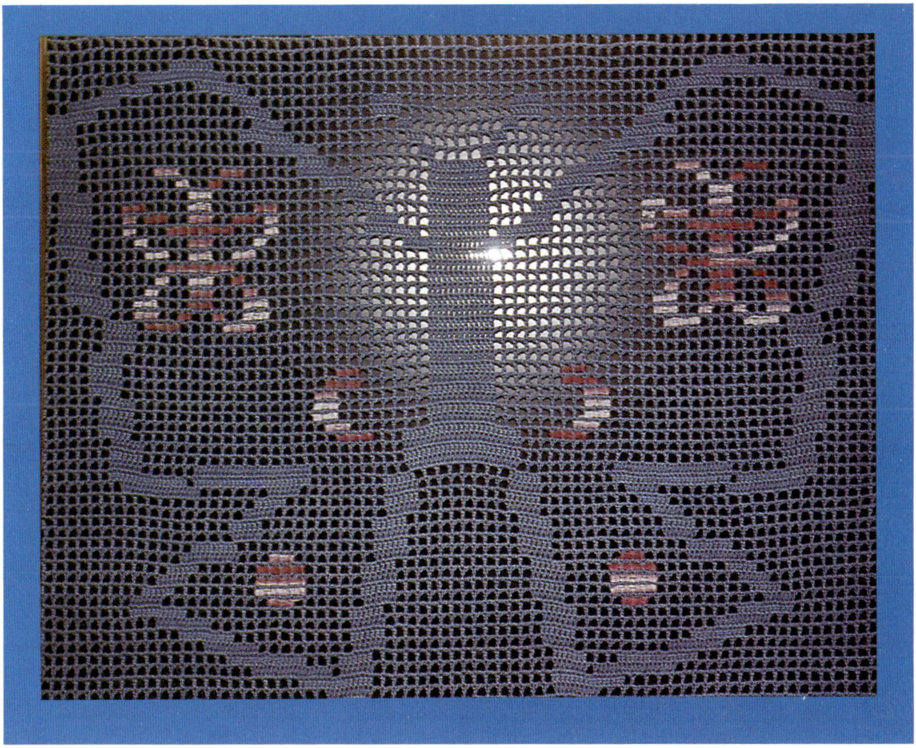

Material:
200 g hellblaues Baumwollgarn, z.B. von Sesia Nr. 3 oder Picaud Art. 330.
Häkelnadel Nr. 2,5.
20 g rot-meliertes Baumwollgarn, z.B. von MEZ.

Größe:
60 x 70 cm.

Dieses Bild eignet sich gut, um ein ganzes Fenster damit zu behängen. Ist das Fenster größer, kann man das Umfeld des Motivs durch leere Kästchen vergrößern.
Das Schmetterlingsbild wird auf die Scheibe aufgeklebt mit Tesafix, Doppelklebeband.
Wenn Sie sich für einen Rahmen entscheiden, kaufen Sie ihn nach Fertigstellung Ihrer Arbeit nach der Größe Ihres gehäkelten Bildes, da Handarbeiten selbst bei gleicher Garnstärke und Häkelnadel immer unterschiedlich ausfallen.

Als Rahmen eignet sich gut ein Keilrahmen, den man u.a. in Farbengeschäften bekommen kann. Günstig ist, daß diese Rahmen schon auf Gehrung zugeschnitten sind.

Anleitung:
Beginn der Arbeit mit 223 Lm. Es werden 8 Reihen leere Kästchen gehäkelt. Das 1. leere Kästchen entsteht, indem man 1 Stb in die 9. Lm von der Nadel aus häkelt. Mit 2 Lm 1 Stb in die 3. Lm der Lm-Kette häkeln. In der 9. Reihe beginnt das Motiv am unteren Flügel des Schmetterling.

0
10
20
30
40
50
60
70
80
90

Der Schwan

Größe:
60 x 65 cm.

Material:
220 g weißes Baumwollgarn Sesia Nr. 3 oder Picaud Art. 330 oder entsprechendes.
Häkelnadel Nr. 2,5.
1 Messingstange ca. 80 cm lang mit Messingclips.

Anleitung zum Schwan:
Beginn mit 185 Lm und 2 Reihen Stb. Die Ränder bestehen aus jeweils 7 Stb. Nach 2 Reihen leerer Kästchen beginnt das Muster in der 3. Reihe, man arbeitet von unten beginnend und endet oben wieder mit 2 Reihen Stb. Sie können als Abschluß 1 gefülltes und 1 leeres Kästchen im Wechsel arbeiten.
Der Schwan ist in der Technik nicht schwierig: er besteht nur aus Luftmaschen und Stäbchen. 1 Kreuzchen bedeutet hier: Sie häkeln 4 Stb = 1 gefülltes Kästchen. 2 gefüllte Kästchen nebeneinander sind 7 Stb, usw. 1 leeres Kästchen sind 2 Stb, die durch 2 Lm miteinander verbunden sind. Wenn in der 5. Reihe das Motiv beginnt, werden die 2 mittleren Stb des gefüllten Kästchens einfach um den Luftmaschenbogen der leeren Kästchen der Vorreihe geschlungen. Das hört sich komplizierter an, als es in Wirklichkeit ist. Probieren Sie es einfach aus. Kommen Sie gar nicht zurecht, ist immer noch ein Handarbeitsgeschäft in der Nähe, wo man um Rat fragen kann.

Tip: Es ist günstig, die Reihen, die noch zu häkeln sind, mit einem Papierstreifen abzudecken. Nur die Reihe, die gerade gehäkelt wird und die schon abgehäkelten Reihen sollten sichtbar sein. Das ist hilfreich zur Orientierung.

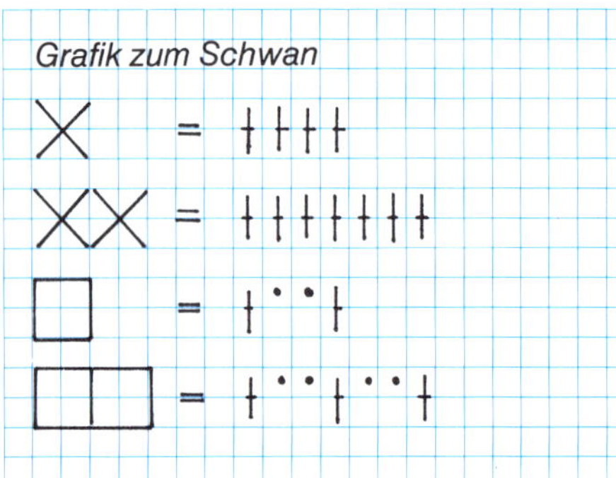

Große Tulpe

Material:
100 g rotes Baumwollgarn, z. B. von Sesia Nr. 3 oder Picaud Art. 330.
Häkelnadel Nr. 2,5.
Größe des Bildes:
70 x 40 cm.

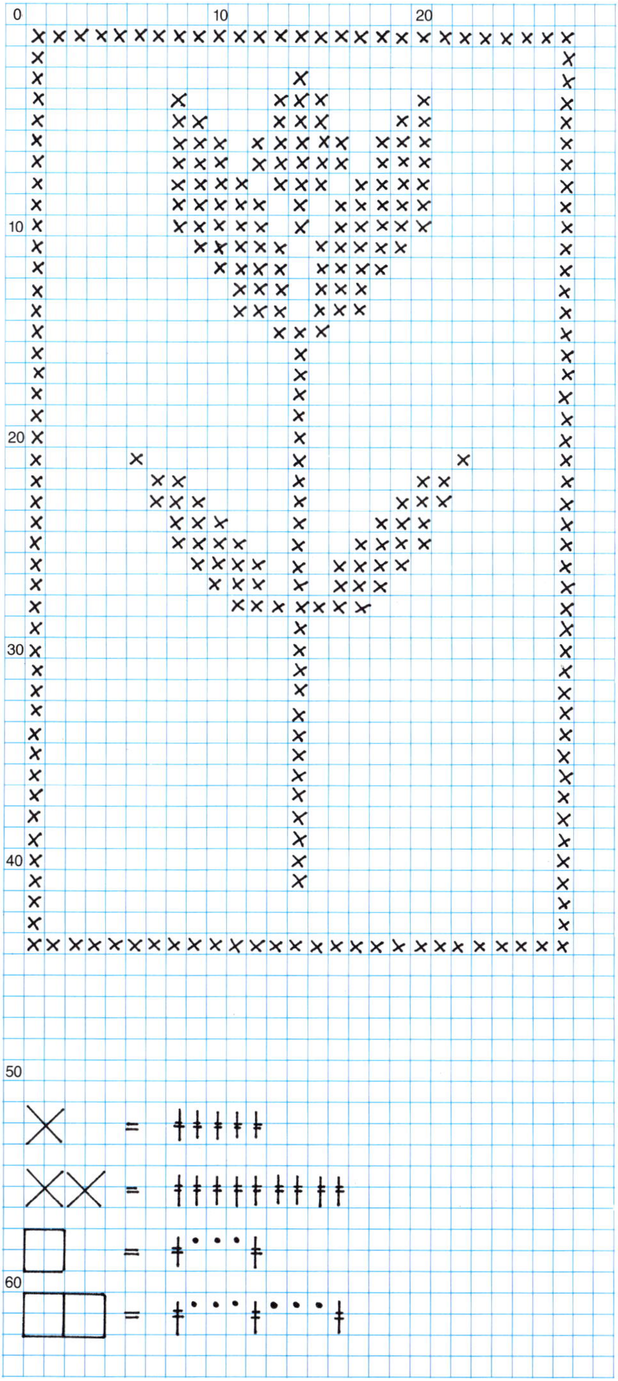

Anleitung:

Dieses Bild ist in Dstb gehäkelt. Anleitung hintere Umschlagseite.

Anschlag mit 114 Lm. (Häkeln Sie lieber ein paar Lm mehr, man verzählt sich leicht. Sollten Lm übrig sein, kann man sie mit einer Nadel aufziehen).

Nach dem Lm-Anschlag das 1. Dstb in die 5. Lm von der Nadel aus häkeln. Dstb bis zum Ende der Reihe arbeiten. Die folgende Reihe beginnt mit 4 Lm als 1. Dstb. Nach Musterzeichnung das Motiv einhäkeln, dabei für die Ränder jeweils 5 Dstb häkeln.

Den Keilrahmen bekommt man in Holzfachgeschäften – schon auf Gehrung zugeschnitten – nach Ihren Maßangaben.
Es empfiehlt sich, erst die Arbeit fertig zu häkeln, bevor man den Rahmen kauft. Wie bei allen Handarbeiten kann man die Größe nur ungefähr angeben.

Blütenhaus

Anleitung:
Anschlag mit 96 Lm, danach 2 Reihen Stb. Nach der Zeichnung arbeiten, von unten nach oben (Beginn mit den Treppenstufen nach 3 Reihen leerer Kästchen). Die Seitenränder bestehen jeweils aus 7 Stb. Den Abschluß der Arbeit bilden wieder 2 Reihen Stb.

Rosetten:

4 der 7 Rosetten zum Abschluß mit 1 Reihe fm in blau-meliertem Garn umhäkeln.
7 Lm mit 1 Km zu einem Ring schließen (s. Grafik). In diesen Ring werden 6 Blütenblätter gehäkelt, die jeweils aus
1 fm
1 halben Stb
1 Stb
1 halben Stb
1 fm
gebildet werden. Somit ist eine einfache Rosette fertig. Wer etwas Ahnung von

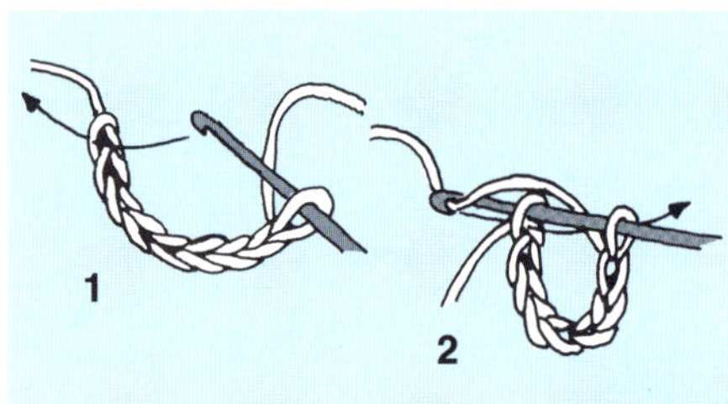

Material:
50 g weißes Baumwollgarn Sesia Nr. 3 oder Picaud Art. 330.
Häkelnadel Nr. 2,5.
1 Rahmen 32 x 32 cm.
Einen Rest blau-meliertes Baumwollgarn, z.B. von MEZ.

Die Umrandung wird mit dem blau-melierten Garn gehäkelt:
1. Reihe: fm, in die Ecken 3 fm.
2. Reihe: 5 Lm und 1 fm in die jeweils 4. fm der Vorreihe (3 fm werden überschlagen).
3. Reihe: In die Lmbögen kommen 7 Lm.

irischer Häkelei hat, kann eine weitere Blüte unter der ersten arbeiten:
Man arbeitet auf der Rückseite der Rosette weiter.
1 fm wird in einen einzelnen Faden der fm des Blütenblattes gehäkelt, danach 5 Lm und wieder 1 fm. So entstehen auf der Rückseite 6 Lm-bögen, die mit 6 größeren Blütenblättern ausgefüllt werden:
1 fm
1 hStb
2 Stb
2 Dstb
2 Stb
1 hStb
1 fm

Viele Handarbeitsgeschäfte führen diese Holzrahmen mit Löchern, in welche die fertige Arbeit eingenäht wird.

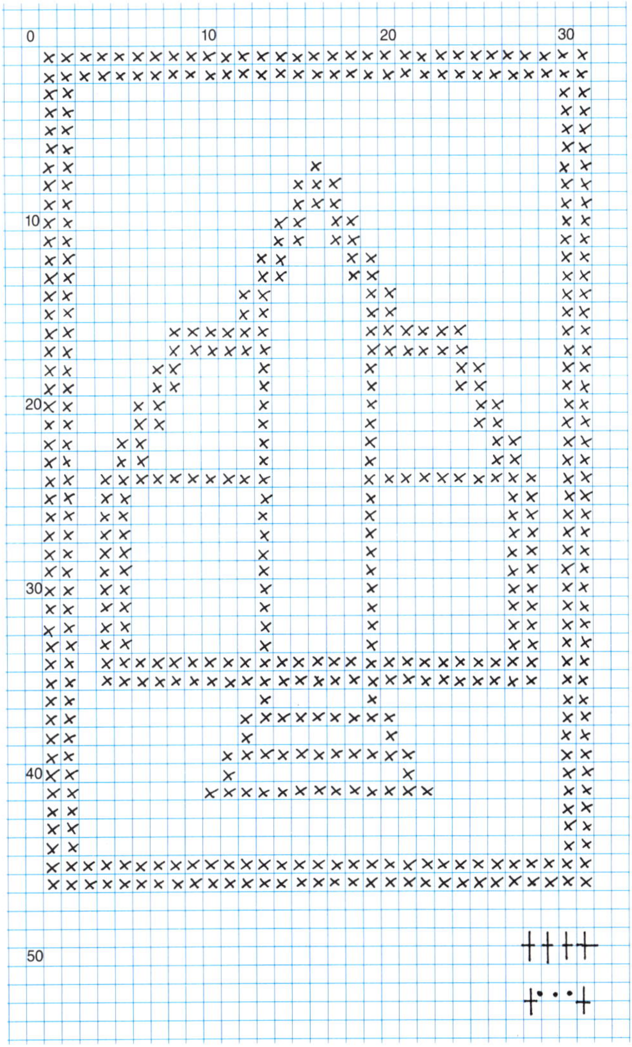

Tip: Diese Arbeit ist gut von Kindern zu häkeln, evtl. nimmt man dann das noch etwas dickere Baumwollgarn, das die Kinder in der Schule vielfach verwenden. Das Bild wird dann größer und auf einen Rahmen können Sie verzichten: Sie kleben es mit Tesafix beidseitig klebend auf die Scheibe des Kinderzimmerfensters und die Kinder malen vielleicht mit Fingerfarbe einen Rahmen um das Bild. Die blau-melierte Umrandung lassen Sie dann weg und stecken statt der gehäkelten Blüten künstliche Blumen auf das Bild.

Berge und Sonne

Man kann auch 2farbig häkeln in der Filet-Häkelei. Die Farbe, die gerade nicht gebraucht wird, kann man in den Stb verstecken und hervorholen, wenn sie wieder dran ist (s. Foto).

Material:
60 g gelbes Baumwollgarn, z. B. Sesia Nr. 3 oder Picaud Art. 330.
50 g braunes Baumwollgarn in der gleichen Stärke.
Häkelnadel Nr. 2,5.
1 Metallring 50 cm Durchmesser.

Dieses Bild läßt sich gut kombinieren mit der Schabracke des Kakteenfensters.

Anleitung:
Beginn mit 120 Lm in der Mitte des Kreises (s. Pfeil) mit gelbem Garn. Man arbeitet zuerst den oberen gelben Teil des Kreises, wobei das Abnehmen der Kästchen wichtig ist (s. Grafik Seite 1). Wenn der Halbkreis fertig gehäkelt ist, beginnt man an der Lmreihe des Anfangs und häkelt wiederum von der Mitte aus bis zum anderen Rand des Kreises (s. dazu auch Seite 27). Von den Bergen werden also zuerst die Spitzen gehäkelt. Es ist günstig, von dem braunen Garn 3 Fäden abzunehmen, damit jeder Berg seinen eigenen Faden hat bis alle Reihen durchgehend braun gehäkelt werden.
Den Metallring mit braunem, bzw. gelbem Garn umwickeln und das Bild nach dem Spannen einnähen. (Daß die Zeichnung länglich ist, im Unterschied zur runden Form des Bildes, liegt an der Technik der Filet-Häkelei.)

Tannenbaum

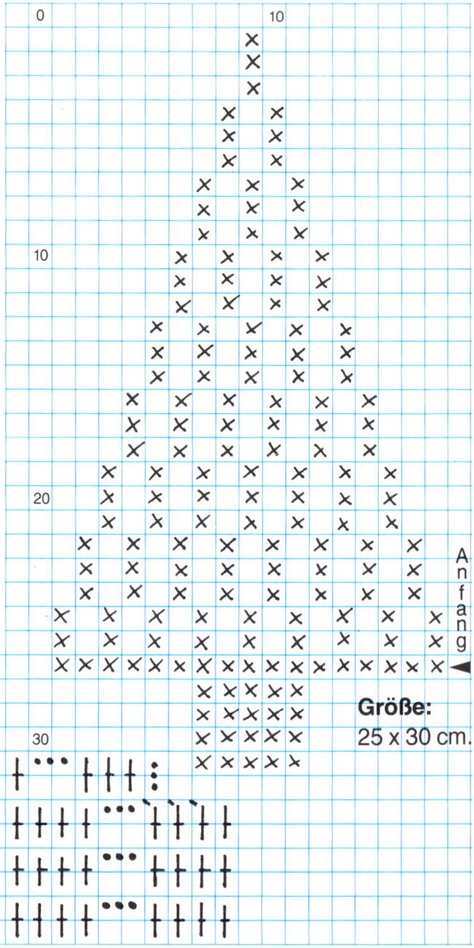

Größe:
25 x 30 cm.

Material:
50 g grünes Baumwollgarn, z. B. von Filati Grignasco Nr. 5 oder Sesia Nr. 3.
Reste von braunem und weißem Garn.
Häkelnadel Nr. 3.

Anleitung:
Der Tannenbaum wird mit doppeltem Garn gehäkelt.
54 Lm Anschlag, das 1. Stb in die 4. Lm = 2 Stb sind gehäkelt.

Außer Lm und Stb wird in dieser Arbeit auch noch die Km angewandt. In jeder 4. Reihe wird durch 3 Km der Baum verschmälert (s. Grafik).

Der Stamm wird aus 4 Reihen zu je 16 Stb in doppeltem braunem Garn gehäkelt.

Die Spitzen sind aus weißem Garn gehäkelt mit 4 Stb, die zusammen abgemascht werden.

Kirschenvorhang in Perlhäkelei

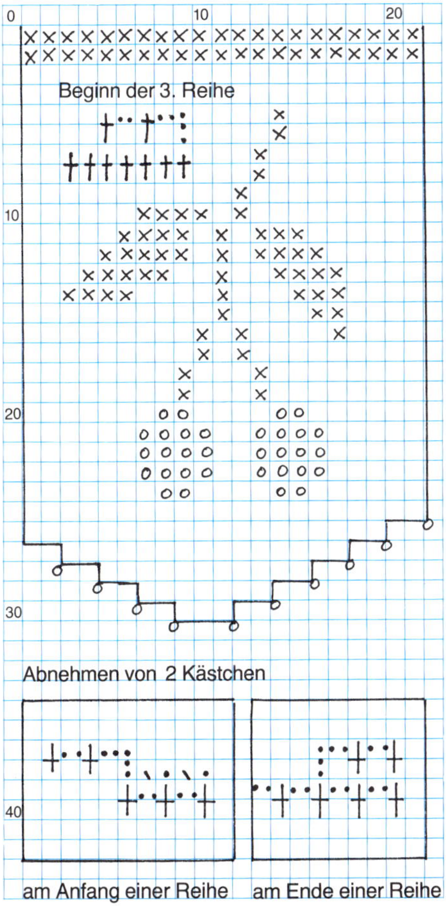

Größe des Motivs:
19 x 15 cm.

Material:
15 g grünes Baumwollgarn Nr. 5, z. B. von Alabama oder Filati Grignasco Nr. 8.
Häkelnadel Nr. 2.
42 rote Plastikperlen.

Anleitung:
Jedes Motiv wird für sich von oben nach unten gehäkelt. Hier sind es 5, die Anzahl läßt sich aber beliebig abändern, je nach Fenster- oder Türbreite. Die Motive werden aneinandergenäht und der ganze Behang zum Abschluß mit 1 Reihe fm umhäkelt, wobei am unteren Rand auch Perlen mitgefaßt werden.

Anschlag mit 46 Lm. Wenn 19 Reihen gehäkelt sind, reißen Sie den Faden ab und fädeln 32 Perlen auf. Sie holen sich 1 Perle nach Bedarf heran und verhäkeln sie beim 2. Umschlag des Stb. Auch bei der Rückreihe verfahren Sie genauso. Die Perle läßt sich leicht auf die Vorderseite der Arbeit drücken.
Die Spitze entsteht durch Abnehmen von jeweils 2 Kästchen (siehe nebenstehende Grafik.

Die Kugel

Material:
6 x 30 g braune und gelbe Farbtöne, z.B. von Alabama Nr. 5 oder Filati Grignasco Nr. 8.
Häkelnadel Nr. 2.
2 Ringe von 30 cm Durchmesser.

Da man in Handarbeitsgeschäften eine große Auswahl von Farben in Baumwollgarn hat, kann man sich 6 Farbtöne, die gut zusammenpassen, und die mit der Zimmereinrichtung harmonieren, zusammenstellen.
Hier auf dem Bild sind es Gelb- und Brauntöne.
Vielleicht sind auch noch Reste von früheren Arbeiten übriggeblieben.

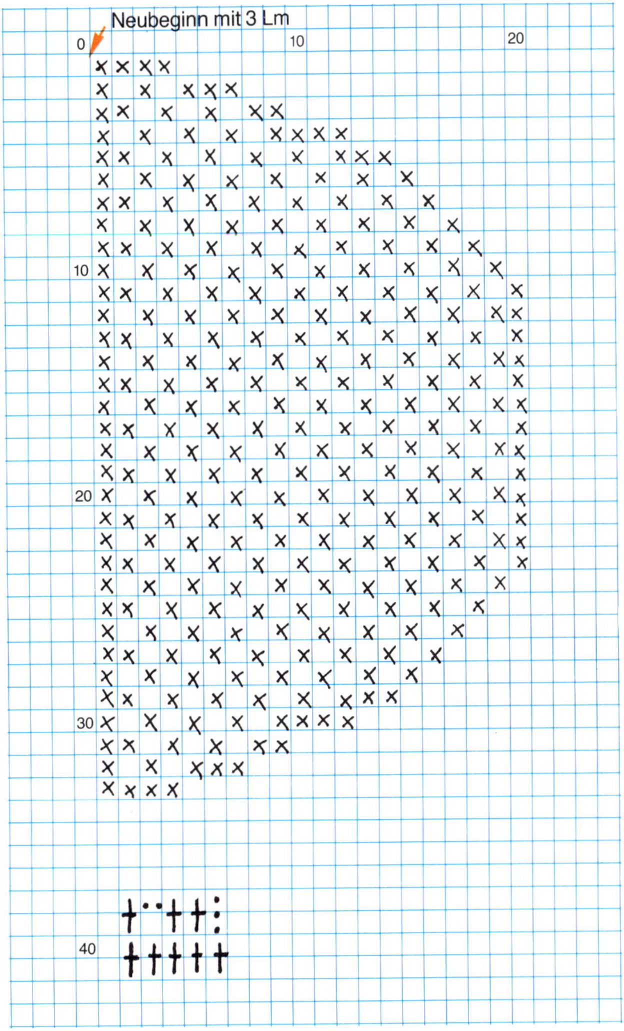

Anleitung:
Beginn mit dem dunkelsten Farbton und 70 Lm. Die 1. Reihe besteht aus Stb. Danach häkelt man ein gefülltes und ein leeres Kästchen im Wechsel versetzt. Nach 4 Reihen ist immer Farbwechsel; man nimmt die jeweils hellere Farbe. Die hellste Farbe ist zum Umwickeln der beiden Ringe gedacht.

Für jeden Ring häkelt man eine Lmkette von ca. 6 m und umwickelt den Ring damit. Anfang und Ende müssen dabei gut festgehalten werden.

Man häkelt 2 mal das Muster nach Musterzeichnungen ab, hat also 2 gehäkelte Halbkreise. Den 2. Ring beginnt man auch in der Mitte, doch wird die andere Kreishälfte sofort drangehäkelt (von der Mitte aus begonnen in umgekehrter Richtung). Nachdem man den behäkelten Ring und die beiden nicht miteinander verbundenen Hälften des Ringes eingenäht hat, schiebt man den „offenen" Ring über den behäkelten. Mit einem Faden werden die beiden Ringe festgehalten und die beiden Hälften an den vollständigen behäkelten Ring angenäht. Eine Lmkette zur Aufhängung beschließt die Arbeit.

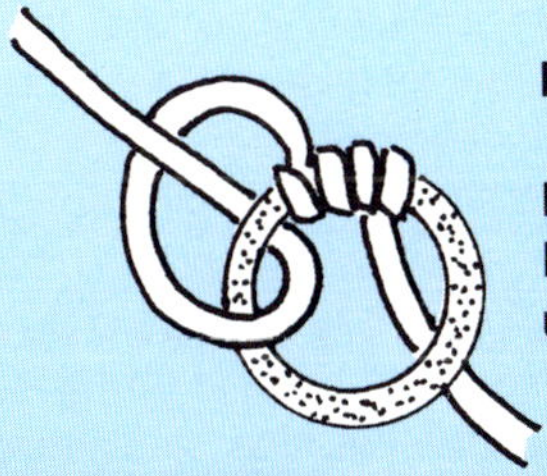

Hinweis

Es ist auch möglich, die Ringe mit Knopflochstich zu umwickeln.

Rautenfenster

Material Fensterbild:
35 g beigefarbenes Baumwollgarn, z. B. Alabama Nr. 5.
Häkelnadel Nr. 2.
1 Metallring 30 cm.

Material Schrägband:
60 g braunes Baumwollgarn, z. B. von Sesia Nr. 3 oder Picaud Art. 330.
Häkelnadel Nr. 2,5.

Das Band ist passend gehäkelt für ein Fenster mit den Maßen 85 x 90 cm, es kann aber leicht abgeändert werden.

Ein Fensterbild, eine Einrahmung – beides in Rautenform – ist ein Beispiel für die Möglichkeit, einen üblichen Fensterschnitt optisch zu verändern. Andere Beispiele auf Seite 26, 33, 39.

Anleitung Fensterbild:
Anschlag mit 118 Lm und nach Musterzeichnung häkeln. Zum Abschluß sollte 1 Reihe Stb gehäkelt werden. Da es sehr lange dauert, den Rahmen mit dem dünnen Garn zu umwickeln, nehme man entweder dickeres Garn in derselben Farbe oder man häkelt 2 Reihen Stb als Abschluß. Die 2. Reihe wird um den Metallrahmen gelegt und angenäht.

Anleitung Schrägband:
Anschlag mit 22 Lm und 5 Reihen Stb. Danach Teilung der Arbeit und weiter häkeln über 10 Lm. In jeder Reihe am Außenrand 1 Stb zunehmen und am Innenrand dafür die letzte Masche unbehäkelt stehen lassen. Nach 66 Reihen gerade häkeln ohne zu- oder abzunehmen, danach wieder schräg häkeln, jetzt in der umgekehrten Richtung 66 Reihen.

Ist die Länge erreicht, häkelt man für den oberen Sockel 13 Lm hinzu und häkelt 5 Reihen Stb über insgesamt 20 Maschen. Somit ist der 1. Teil der Arbeit beendet. Der 2. Teil beginnt am Lm-Anschlag des Sockels. Man häkelt wiederum erst nach außen schräg, dann 9 Reihen gerade und wieder nach innen hin führend 66 Reihen. Die beiden Enden werden aneinandergenäht.

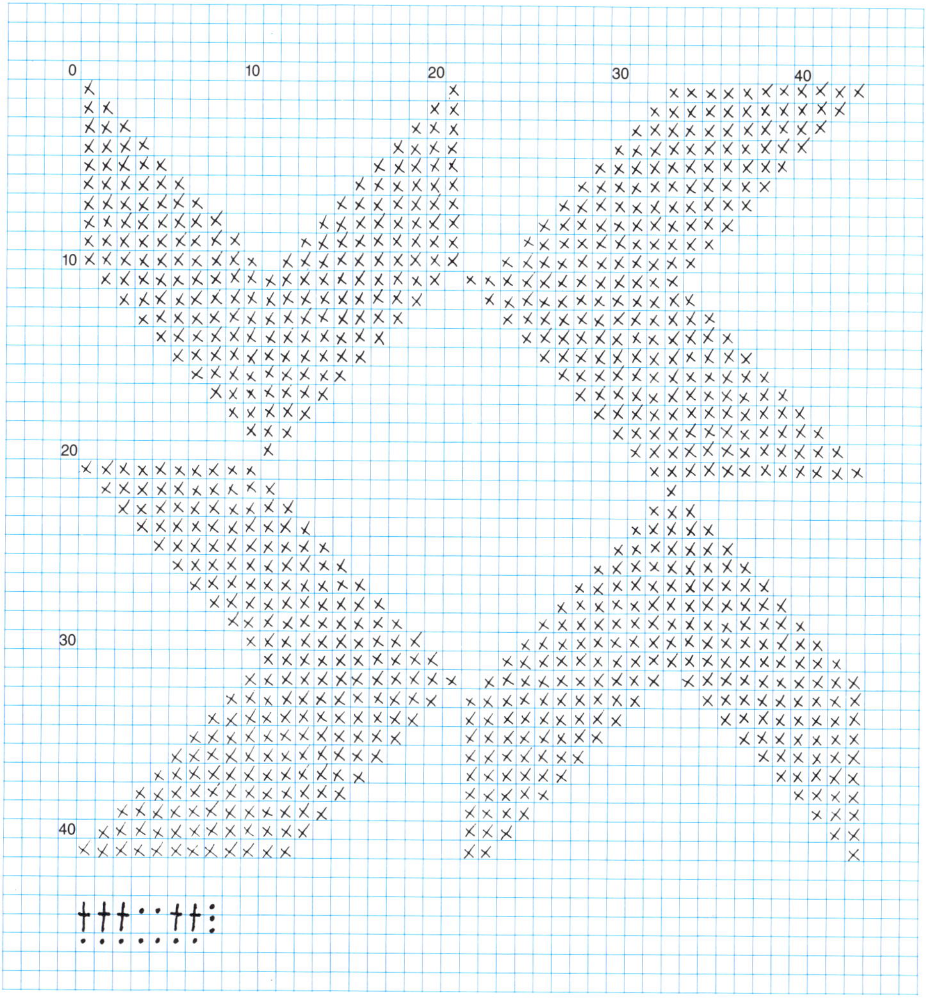

Für die Anbringung dieser Kombination ist es günstig, ein Doppelfenster zu haben, das man in sich öffnen kann. Dann läßt es sich von innen zwischen die Scheiben durch kleine Nägelchen befestigen. Andernfalls muß man das Schrägband aufkleben, z. B. mit Tesa fix doppelseitig klebendem Band. Das Fensterbild wird an einem Perlonfaden aufgehängt.
Übrigens sieht auch das Fensterbild allein dekorativ aus.

Sprossenfenster

Dieses „Sprossenfenster“ ist gehäkelt. Es ist ein Beispiel dafür, wie man mit einfacher Häkelarbeit die übliche Fensterform abwandeln kann. (Weitere Beispiele: Rosenbogen Seite 33, Spielereien mit Dreiecken Seite 39 ff).

Anleitung:
1 Lmkette, die den Maßen des Fensters entspricht und 2 Reihen Stb ergeben 1 Band. 3 weitere Bänder sind auf diese Weise zu häkeln. Für ein Fenster mit den Maßen 80 x 85 cm braucht man ca. 50 g braunes Baumwollgarn Nr. 3 von Sesia oder Cablé Garn „Lara“.

Anbringung:
Bei einem Doppelfenster mit 2 getrennten Fensterscheiben bringt man die Bänder mit kleinen Nägeln oder Reißnägeln zwischen den Fensterflügen an. Andernfalls muß man die Bänder aufkleben, z. B. mit Tesa fix, doppelseitigem Klebeband.

Tip: Es sieht gut aus, in diese entstandenen Felder Rosenmotive zu häkeln in Filet-Positiv- und Negativ-Technik. Auf den folgenden Seiten sind einige Beispiele aufgezeigt in runder und rechteckiger Form. Die runden Motive sind in Metallringe gefaßt, die es in verschiedenen Größen im Fachhandel zu kaufen gibt. Die rechteckigen Bilder können zwischen die Bänder genäht werden.
Es macht Spaß, die Felder auf verschiedene Art und Weise auszuschmücken.

Rosenmotiv in runder Form

Material:
Je 10 g beigefarbenes Häkelgarn Nr. 8 von Alabama oder MEZ Nr. 5.
Metallringe von 15 oder 20 cm Durchmesser.

Anleitung:
Beginn mit 68 Lm in der Mitte des Bildes (s. Pfeil auf der Musterzeichnung). Da das Abnehmen von Filet-Häkelkästchen leichter ist als das Zunehmen von Kästchen, beginnt man runde Bilder gern in der Mitte, an der breitesten Stelle. Den 2. Teil beginnt man wiederum in der Mitte; der neue Ansatz ist kaum zu sehen (s. Foto rote Linie).

Das Abnehmen von Häkelkästchen am Anfang der Reihe geschieht mit 1 Km auf dem

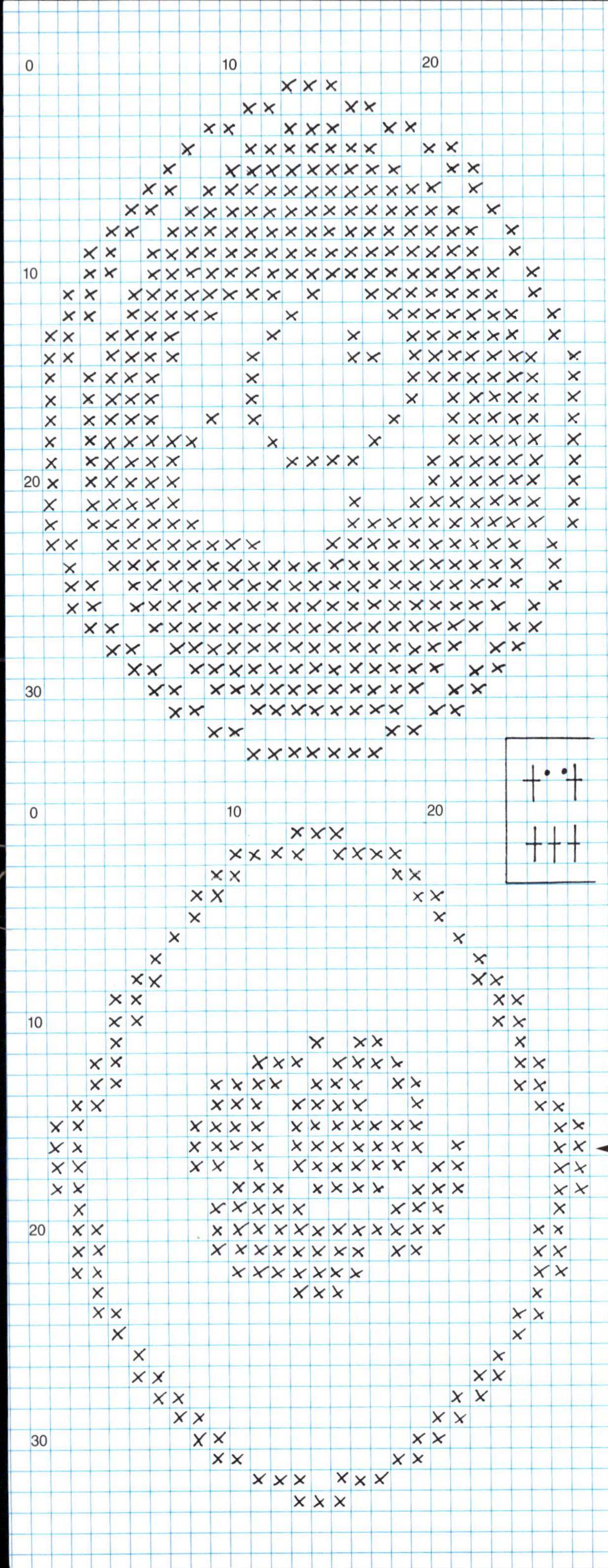

Anfang

2. Stb. 3 Lm und 2 weitere Stb bilden dann das neue äußere Kästchen.

Das Abnehmen von Häkelkästchen am Ende 1 Reihe geschieht, indem man die 2 letzten Stb der Reihe unbehäkelt stehen läßt und die Arbeit wendet. Man beginnt die neue Reihe mit 3 Lm und 2 weiteren Stb.

Tip: Legen Sie beim Häkeln die Arbeit immer wieder in den Ring hinein, damit Sie die richtige Größe bekommen. Bedenken Sie dabei, daß durch das Spannen der Arbeit die Häkelei größer wird und Sie auch Länge und Breite des Bildes dadurch formgerechter abändern können.

Zum Schluß werden die Ringe mit beigefarbenem Baumwollgarn umwickelt und die Bilder eingenäht (siehe Seite 23).

Neubeginn an der Lmkette für den 2. Teil der Arbeit bei runden Bildern.

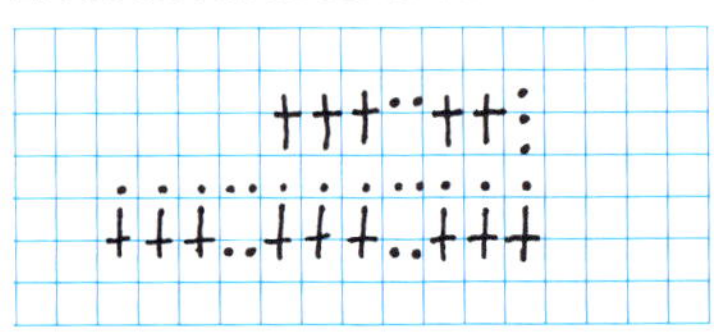

Rosenmotiv in rechteckiger Form

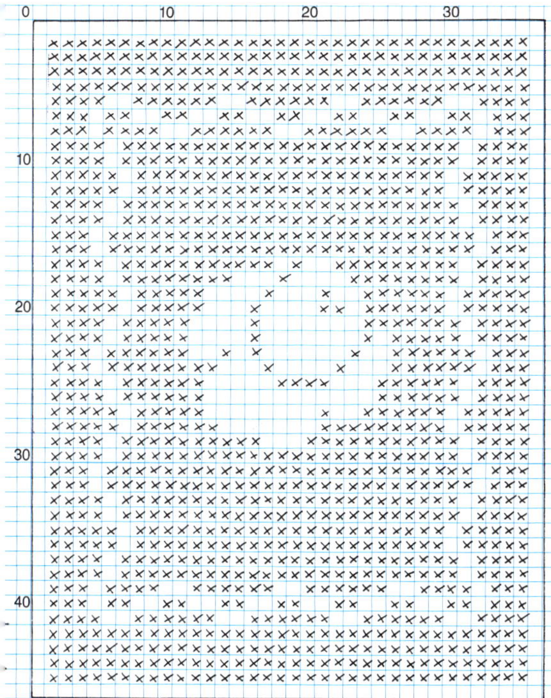

Positiv = das Motiv wird durch gefüllte Kästchen gehäkelt.
Negativ = das Motiv wird durch leere Kästchen gehäkelt.

Material:
25 g beigefarbenes Baumwollgarn Nr. 8, von Alabama oder MEZ Nr. 5.
Häkelnadel Nr. 1,5.

Anleitung für das Negativ-Häkelbild:
1 Lmkette aus 112 Lm. Das 1. Stb in die 7. Lm anschließend in jede 3. Lm 1 Stb, jeweils getrennt durch 2 Lm. Danach 4 Reihen Stb, in der 5. Reihe beginnt das Motiv. Beide Bilder sollten zum Abschluß mit 1 bzw. 2 Reihen Stb umhäkelt werden, dabei in die Ecken jeweils 4 Stb häkeln.

Anleitung für das Positiv-Häkelbild:
Anschlag mit 76 Lm und 1 Reihe Stb. 2 Lm und 1 Stb in das jeweils übernächste Stb der Vorreihe ergeben 34 leere Kästchen.

Kleine Schwäne

Material:
Je Motiv 50 g Baumwollgarn Nr. 3, z. B. Sesia oder Picaud, Art. 330.
Häkelnadel Nr. 2.

Größe der 3 Motive: 90 x 27 cm.

Anleitung:
Dieses Bild in drei verschiedenen Farben – weiß, hellblau und blau – wird an der Seite begonnen mit 71 Lm. Die Zackenlitze ist mitangehäkelt. Wem dies zu schwierig ist, der beendet das Motiv mit der Stb-Reihe und häkelt zum Schluß eine Umrandung, z. B.: 1 Lm-bogen von 4 Lm, 1 fm, immer im Wechsel. In der 2. Reihe wird dieser Bogen mit 6 fm oder mit 6 Stb ausgefüllt. Auch ein Wechsel von Bogen mit Stb und Bogen mit fm sieht gut aus (s. Detailfoto).

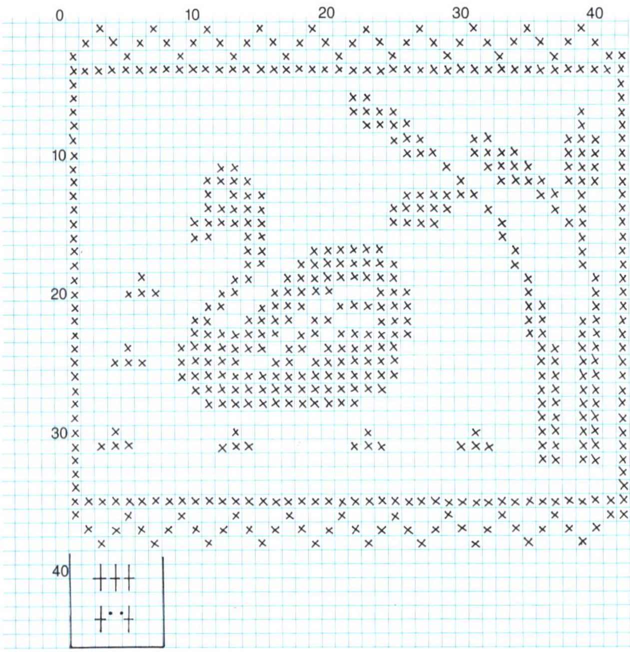

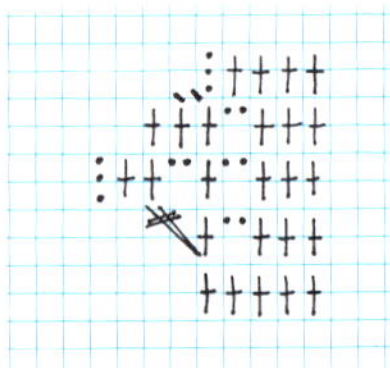

Zackenlitze

Perspektive

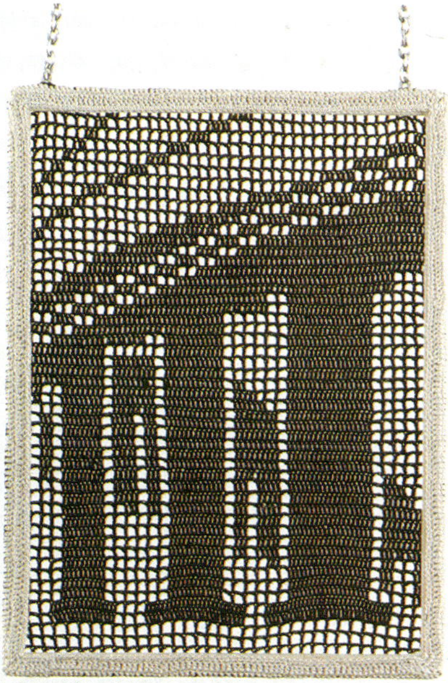

Tip: Es ist günstig, erst das Bild zu häkeln und dann die Leisten zu kaufen, da – wie bei jeder Handarbeit – nur Annäherungswerte bei der Größe angegeben werden können.

Material:
60 g schwarzes Baumwollgarn. In der Stärke wie z. B. Alabama Nr. 5 oder Filati Grignasco Nr. 8.
Nadel Nr. 2.
Ein Rest beigefarbiger Baumwolle wie Nr. 3 von Sesia.
2 Holzleisten zu 30 cm.
2 Holzleisten zu 38 cm.
Dieser Rahmen ist selbst angefertigt aus einfachen Leisten, die man in jedem Holzfachgeschäft kaufen kann. Der Rahmen wird in beigefarbenem Garn umhäkelt mit 2 Stb- und 1 fm-Reihe. In den Ecken mehrere Maschen zusammenfassen, damit ein Rechteck entsteht.

Anleitung:
Anschlag mit 117 Lm. Als Aufhängung ist hier eine Gliederkette genommen worden.

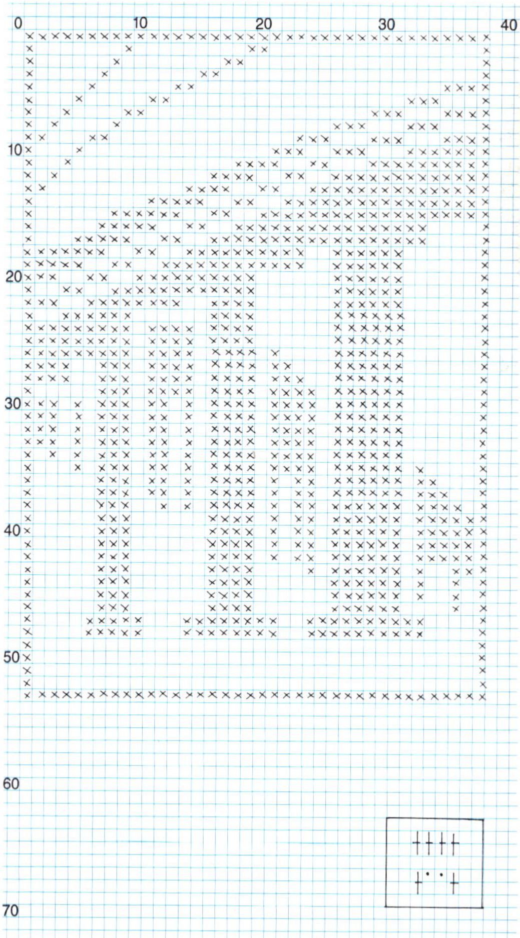

Sonnenstrahlen

Material:
50 g gelbes Baumwollgarn, z. B. von Sesia Nr. 3 oder Picaud Art. 330.
Häkelnadel Nr. 2,5.
2 Ringe, 25 und 45 cm Durchmesser.

Anleitung:
Wie bei allen runden Bildern ist es günstig, in der Mitte zu beginnen: man braucht dann nur Kästchen abzunehmen. Das ist bei Filet-Häkelei leichter als das Zunehmen von Kästchen. Man nimmt Häkelkästchen ab, indem man Km häkelt und das neue Stb mit 3 Lm beginnt. Beim Abnehmen von Häkelkästchen am Ende der Reihe bleiben die 2 letzten Stb unbehäkelt stehen. Neubeginn mit 3 Lm.
Auch beim Abnehmen von mehreren Kästchen gilt das gleiche Prinzip. Aus dem Foto kann man entnehmen, daß nur der kleine Kreis behäkelt wird. Anschlag mit 61 Lm und 1 Reihe Stb.
Die Zeichnung zeigt die Hälfte der Arbeit. Nach Fertigstellung dieses Teils beginnt man den 2. Teil an der Lmkette des Anfangs mit 3 Lm als 1. Stb. Die Arbeit wird gespannt und unter ein nasses Tuch gelegt.

Beide Kreise werden mit gelbem Garn umwickelt (s. Grafik S. 23), an einer Stelle werden beide Ringe zusammengefaßt. Die Sonnenstrahlen werden „verlängert“ (6 Bänder aus 5 Stb) bis zum Außenring und dort angenäht.

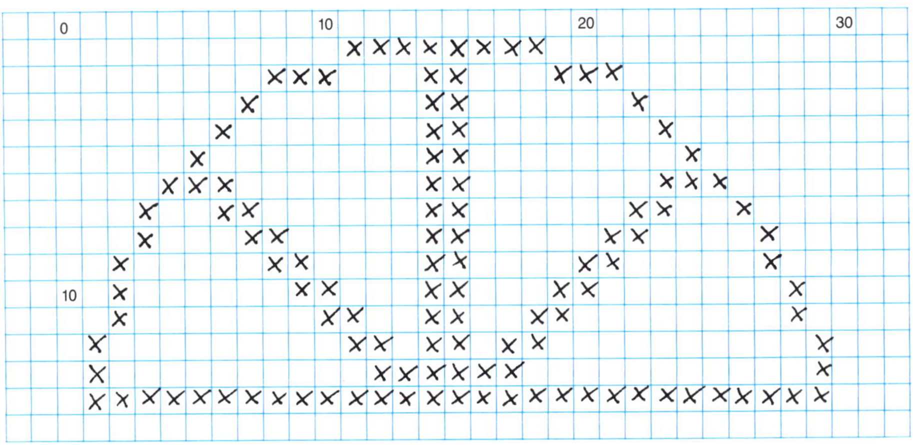

Rosenbogen

Dieser Rosenbogen ist wieder – wie Sprossenfenster, Rautenfenster und Spielerei mit Dreiecken – ein Beispiel dafür, wie man durch Häkeln die Fensterform optisch abändern kann.

Größe des Motivs:
16 x 16 cm.

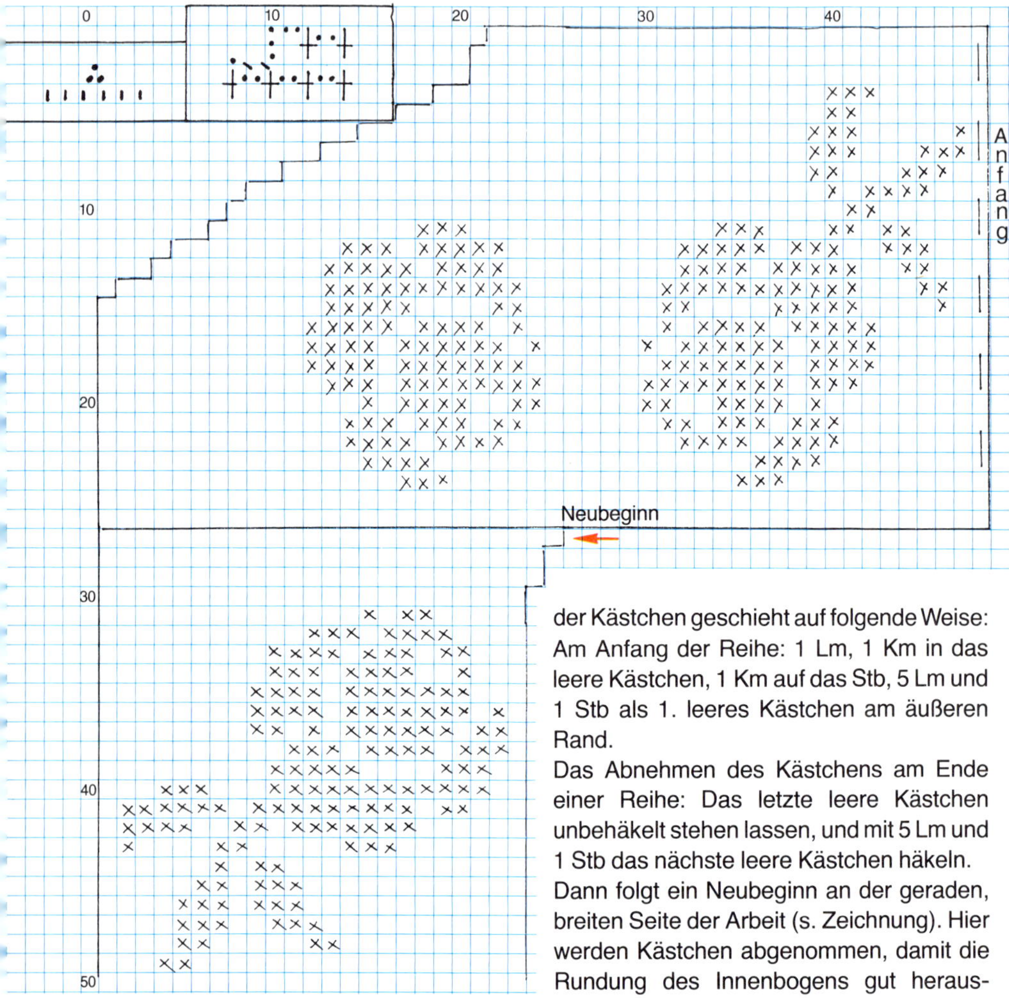

der Kästchen geschieht auf folgende Weise: Am Anfang der Reihe: 1 Lm, 1 Km in das leere Kästchen, 1 Km auf das Stb, 5 Lm und 1 Stb als 1. leeres Kästchen am äußeren Rand.

Das Abnehmen des Kästchens am Ende einer Reihe: Das letzte leere Kästchen unbehäkelt stehen lassen, und mit 5 Lm und 1 Stb das nächste leere Kästchen häkeln.

Dann folgt ein Neubeginn an der geraden, breiten Seite der Arbeit (s. Zeichnung). Hier werden Kästchen abgenommen, damit die Rundung des Innenbogens gut herauskommt.

Es folgen soviele Motive, wie für die Fenster- oder Türlänge notwendig sind.

Der 2. Teil wird entsprechend gearbeitet. Abschlußkante: 3 fm und 3 Lm im Wechsel (s. Grafik Kl. Picot auf der hinteren Umschlagseite).

Der Rosenbogen wirkt am besten fest auf der Scheibe, d.h. man kann ihn aufkleben, z.B. mit Tesafix, doppelseitig klebendem Band, oder ihn bei Doppelfenstern, die aus 2 getrennten Scheiben bestehen, zwischen den Fensterflügeln einspannen.

Material für 1 Motiv:

30 g rotes Baumwollgarn, z.B. von Picaud Art. 330 oder Cablé Garn Lara.

Anleitung:

Beginn in der Mitte oben (s. Musterzeichnung) mit 85 Lm. Die 1. Reihe besteht aus leeren Kästchen, d.h. das 1. Stb wird in die 7. Lm gehäkelt, 2 Lm überschlagen und das nächste Stb in die 3. Lm. Man häkelt nach der Musterzeichnung. In der 27. Reihe wird 1 Kästchen abgenommen. Das Abnehmen

Blütenbaum

Material:
60 g weiße Baumwolle, z. B. Alabama Nr. 8 oder MEZ Nr. 5.
Häkelnadel Nr. 2.

1 holländischer Rahmen, 55 cm, an der breitesten Stelle und 35 cm Höhe.

Anleitung:
Bei diesem Bild ist es gleich, wo man mit dem Häkeln beginnt, da man ja sowieso immer Kästchen ab- bzw. zunehmen muß, um den Rundungen des Rahmens folgen zu können. An der schmalsten Stelle sind 168 Lm zu häkeln. Anfangs- und Endkäst-

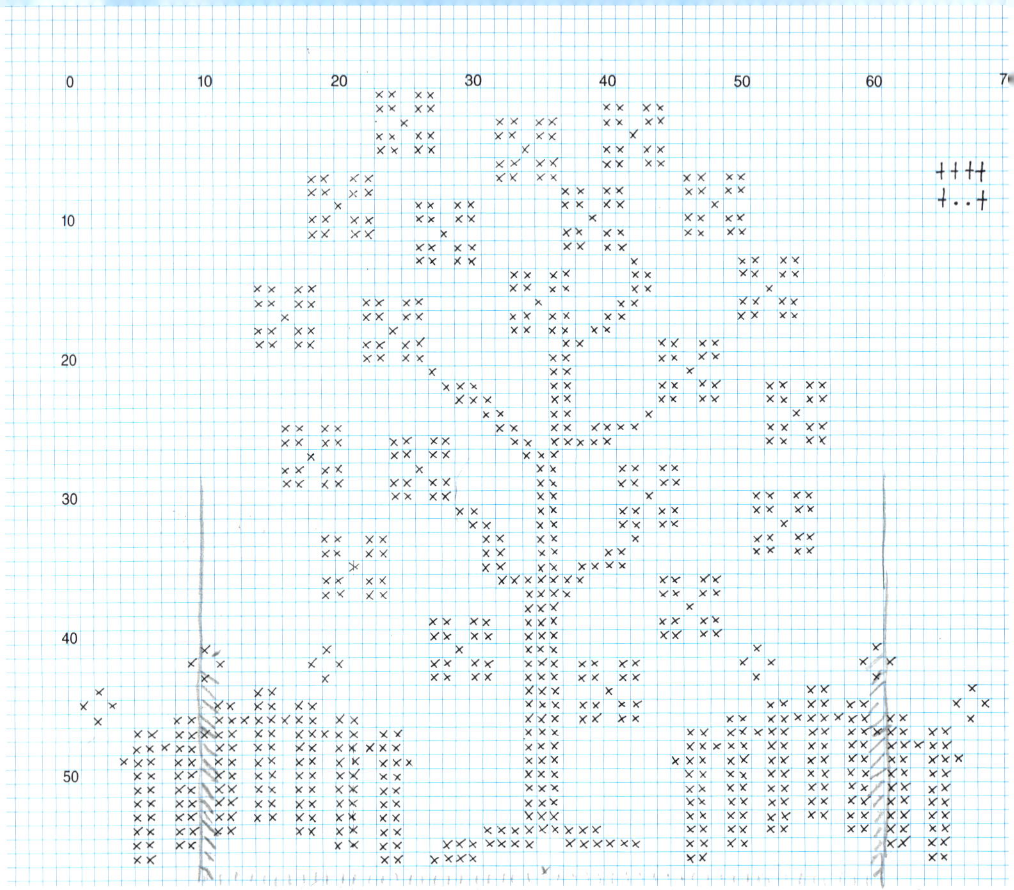

chen sollten immer gefüllte Kästchen sein, damit das Befestigen mit kleinen Nägeln auf der Rückseite leichter ist. Wichtig ist, nach der Fertigstellung der Arbeit das Spannen auf die Größe des Rahmens. Das Bild wird unter ein nasses Tuch gelegt. Die Stecknadeln zum Spannen werden erst entfernt, wenn alles getrocknet ist. Die Holländer verdecken die kleinen Nägel mit einer schmalen Borte.

Rosetten:
Jede große Blüte bekommt in die Mitte eine kleine Rosette, die folgendermaßen gehäkelt wird: 8 Lm zu einem Ring schließen (s. Grafik). 5 Blütenblätter in diesen Ring häkeln. Jedes Blütenblatt besteht aus:

1 fm
1 hStb
2 Stb
1 hStb
1 fm

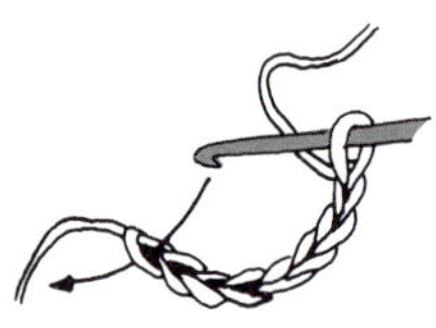

Für die Blüten über dem Gartenzaun jeweils einen Ring aus 4 Lm häkeln, die zu einem Ring geschlossen werden und mit fm zu umhäkeln sind (etwa 10). Die kleinen Ringe und die Blütenblätter annähen.

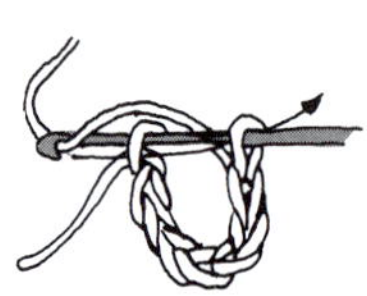

21 x 5 = 105 + 2   74 : 2 = 37 6 14

Kleine Blüte

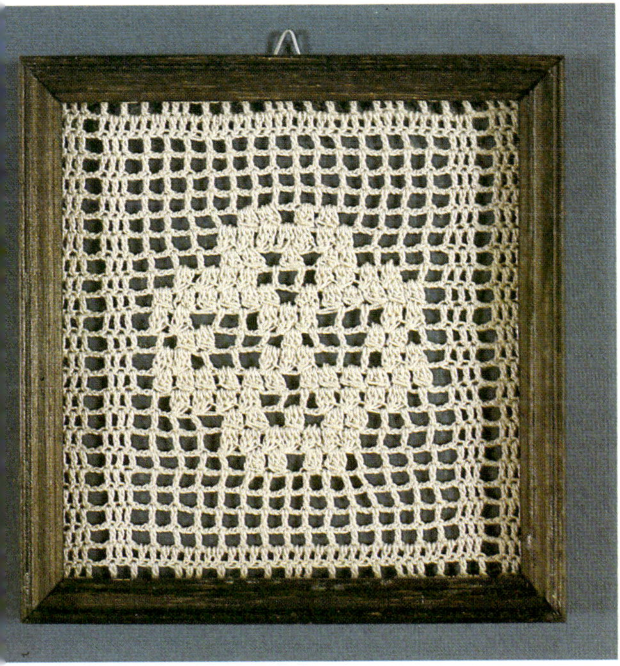

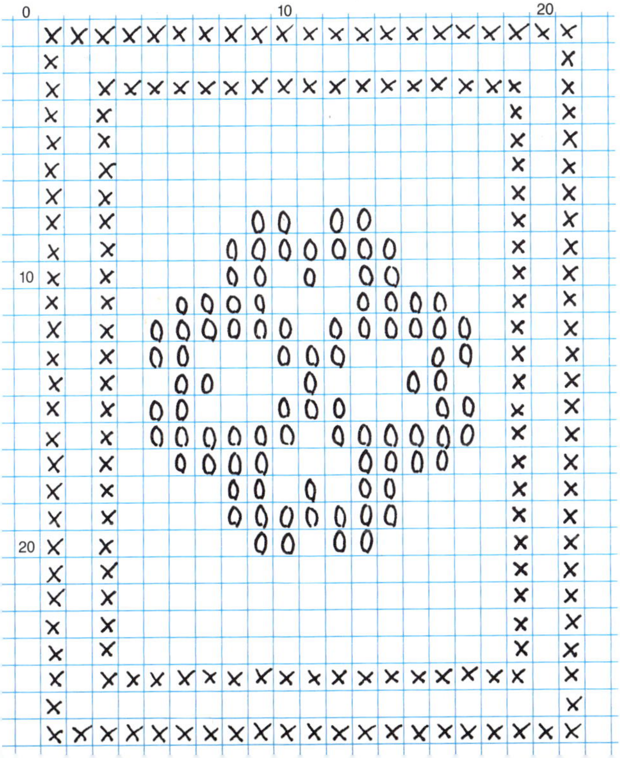

Material:

15 g beigefarbenes Baumwollgarn, z. B. von MEZ Nr. 5 oder Alabama Nr. 8.
Häkelnadel Nr. 1,5
1 Holzrahmen, 16 x 16 cm.

Anleitung:

46 Lm Anschlag. Das Motiv wird in Popcornmaschen gehäkelt.
Bei der Popcornmasche werden in das Gittermuster 4 Stb gehäkelt. Man zieht die Nadel heraus und sticht erneut ein von vorne nach hinten und erfaßt die Schlinge und zieht mit 1 Lm die Stbgruppe zusammen. (Siehe dazu Grafik auf der hinteren Umschlagseite.)

Spielereien mit Dreiecken

Der Eiskristall wird auf Seite 47 genau beschrieben.

Material:
Für 4 Dreiecke 110 g weißes Baumwollgarn, z. B. Cablé Garn Lara oder Alabama Nr. 5.
Häkelnadel Nr. 2.

Größe:
25 x 27 cm.

Anleitung:
Anschlag mit 82 Lm und 1 Reihe Stb. Das Muster besteht aus gefüllten Kästchen und leeren Kästchen im Wechsel. An der Schräglinie wird in jeder Reihe abgenommen, d. h.: 3 Km. 3 Lm und 2 weitere Stb beim Abnehmen am Anfang 1 Reihe. Beim Abnehmen am Ende 1 Reihe 2 Stb unbehäkelt stehenlassen (s. Grafik).

Hinweis:
In diesem Heft sind die meisten Modelle aus mercerisierter Baumwolle „Alabama" Nr. 5 gehäkelt.
Folgende Garne entsprechen diesem Material in etwa:
Filati Grignasco
Lentz Nr. 10
Gricotton Nr. 8
Cordonnet von Lang
Sonja von MEZ
Alabama Nr. 8 entspricht in etwa:
Coração Nr. 12
Gricotton Nr. 8
Rosanna von Lang
Sesic Nr. 3 entspricht in etwa:
Lara
Picaud Nr. 3
Gricotton Nr. 5
Coração Nr. 6
Fil d'écosse von Sartel
Marisa von Lang

Hier einige Anregungen, was man mit den Dreiecken auch noch machen kann.

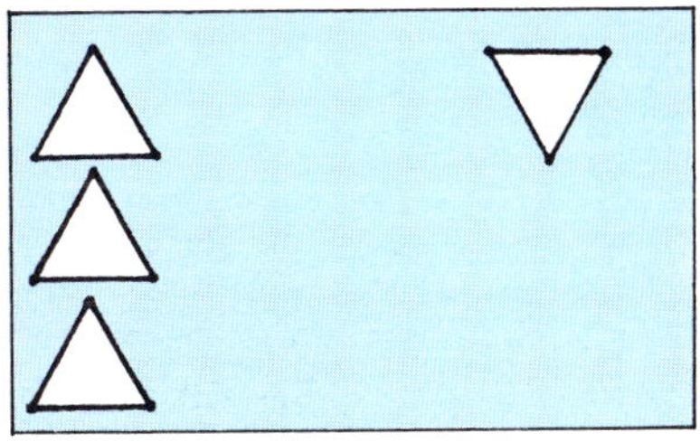

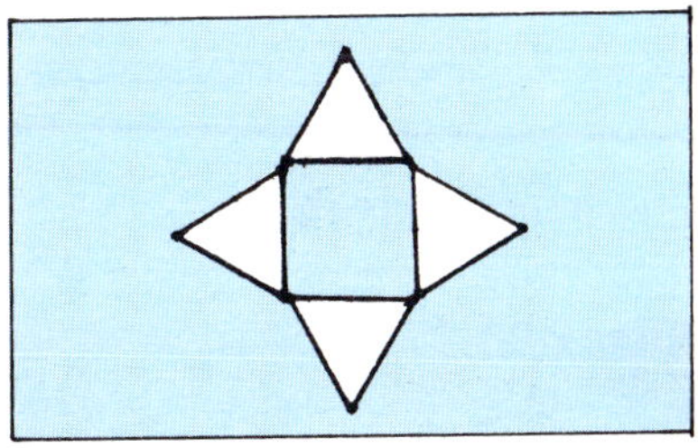

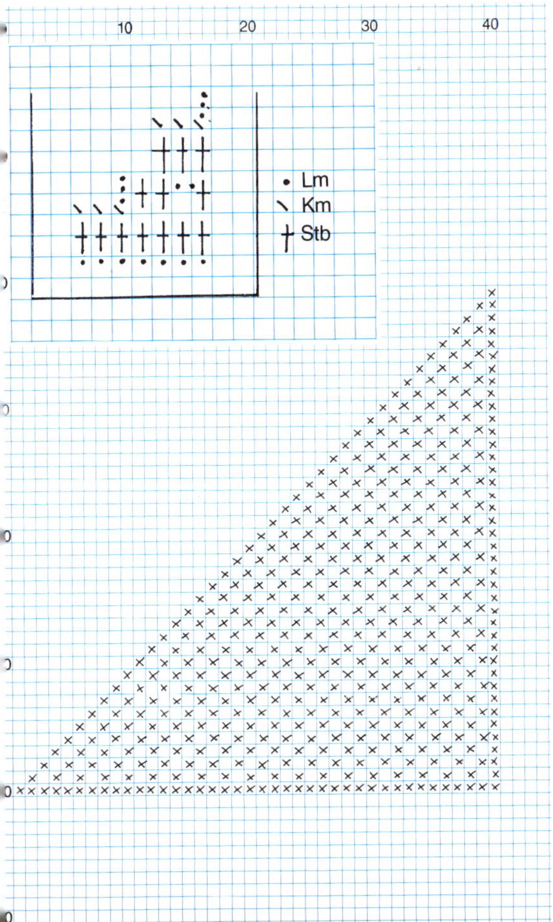

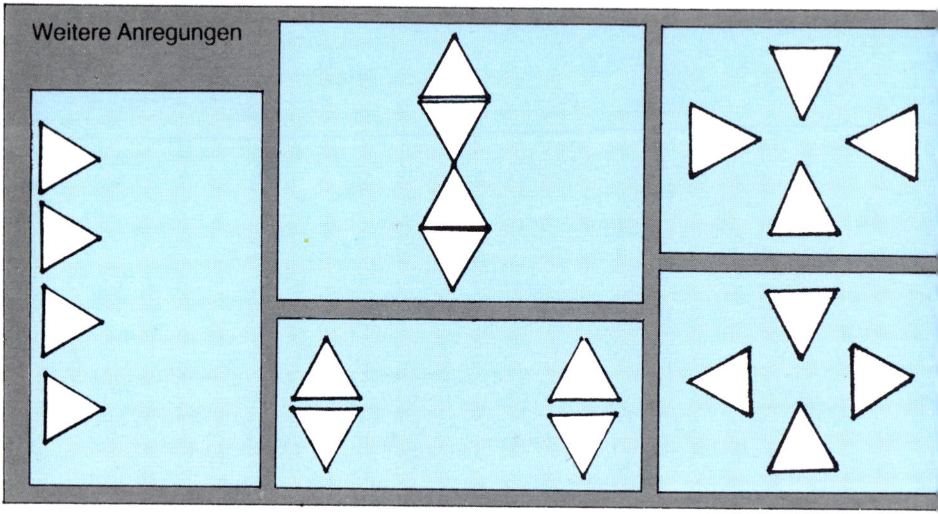

Perlmedaillon

Material:
10 g weißes Baumwollgarn Nr. 8 von Alabama oder MEZ Nr. 5.
Häkelnadel Nr. 1,5.
1 Ring von 15 cm Durchmesser.
Ca. 150 rote Plastik- oder Glasperlen.

Anleitung:
Vor Beginn der Arbeit den Häkelfaden in eine Nähnadel fädeln und damit ca. 65 Perlen aufziehen. Anschlag mit 68 Lm (Mitte der Arbeit). Das 1. Stb wird in die 4. Lm gehäkelt, 1 weiteres in die 5. Lm = so entsteht das 1. gefüllte Kästchen. 2 Lm überschlagen und 1 Stb in die 3. Lm = 1 leeres Kästchen. Danach folgen noch 7 leere Kästchen. Beim folgenden gefüllten Kästchen wird beim 2. Stb. in der Mitte nach dem 2. Umschlag die Perle mit eingehäkelt. Dann folgt das 3. Sb. Bei der Perlhäkelei besteht also 1 gefülltes Kästchen aus 1 Stb, 1 Stb mit Perle und 1 Stb.
Die Perlen lassen sich zum Schluß gut auf die Vorderseite der Arbeit drücken.
Ein Foto der Perlhäkelei befindet sich auf Seite 21.
Werden 2 Kästchen abgenommen, läßt man 5 Stb unbehäkelt stehen und beginnt das neue Kästchen mit 3 Lm als 1. Stb. Beim Abnehmen von 2 Kästchen am Anfang der Reihe häkelt man 5 Km und 3 Lm als 1. Stb des neuen Kästchens.

Reizen die Dreiecke nicht zum Selbst ausprobieren?

Ist der Halbkreis gehäkelt, beginnt man den 2. Teil wieder an der Lmkette (siehe S. 27); vorher fädelt man aber wieder ca. 65 Perlen auf den Häkelfaden. Ist der 2. Teil auch gehäkelt, spannt man die Arbeit, indem man sie mit Stecknadeln auf einer festen Unterlage (Teppich) befestigt. Es ist gut, immer wieder am Ring Maß zu nehmen, damit wirklich eine entsprechende Rundung gesteckt wird. Die Häkelei wird unter ein nasses Tuch gelegt, und erst wenn die Arbeit wieder getrocknet ist, werden die Nadeln entfernt.
Für den Ring werden ca. 25 Perlen aufgefädelt.

Mit Baumwollgarn wird der Ring umwickelt. In gleichmäßigen Abständen werden dabei die Perlen mit eingearbeitet.

Das Bild wird mit Nähgarn in den Ring eingenäht. Die restlichen Perlen werden auf das Häkelgarn aufgereiht und 1 Lmkette als Aufhängeschnur gearbeitet, dabei werden die Perlen mit eingehäkelt.

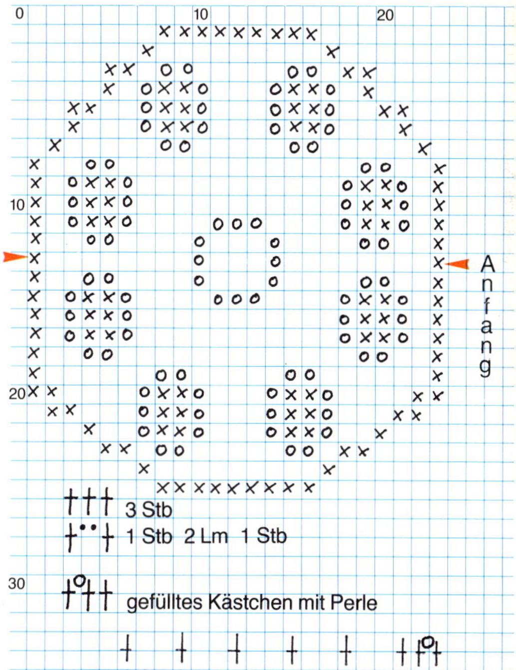

Wenn Sie die Lm-Kette locker häkeln, brauchen Sie bei leeren Kästchen zwischen den beiden Stb nur 1 Lm zu häkeln, können also entsprechend weniger Lm anschlagen.

Das Kakteenfenster

Großer Kaktus

Material:
50 g braun-meliertes Baumwollgarn, z. B. von MEZ.
Häkelnadel Nr. 2,5.
1 Rahmen in der Größe 50 x 30 cm.
Dieser Rahmen ist selbst angefertigt aus Profilleiste, die man meterweise kaufen kann. Die 4 Seiten sind auf Gehrung geschnitten und mit Holzleim geklebt.

Anleitung:
Anschlag mit 108 Lm und nach Musterzeichnung häkeln.

Diese Schabracke läßt sich auch gut kombinieren mit einem anderen Fensterbild (Anleitung S. 44).

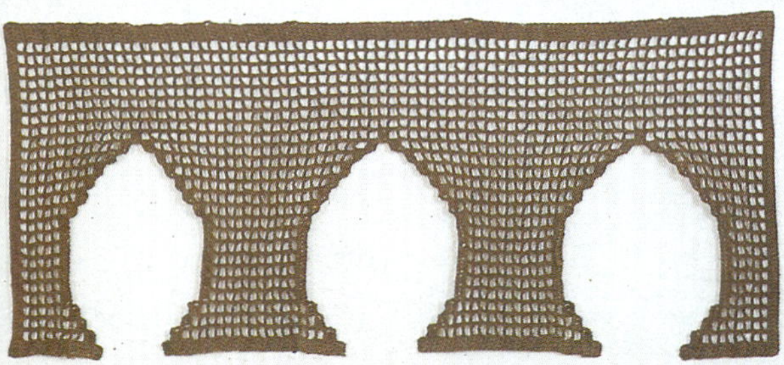

Kleiner Kaktus

Material:
15 g braun-meliertes Baumwollgarn, z. B. von MEZ.
Häkelnadel Nr. 2,5.

Größe:
16 x 16 cm.

Anleitung:
Anschlag mit 64 Lm. 1. Stb in die 9. Lm von der Nadel aus = leeres Kästchen. 3 Maschen überschlagen und nach 3 Lm 1 Stb häkeln als 2. leeres Kästchen.

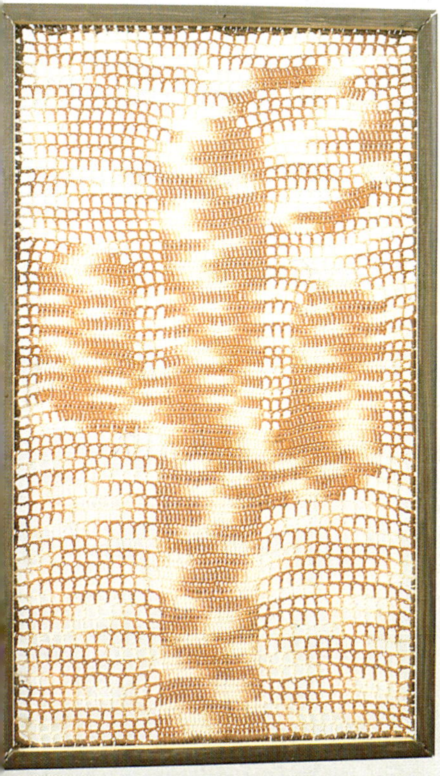

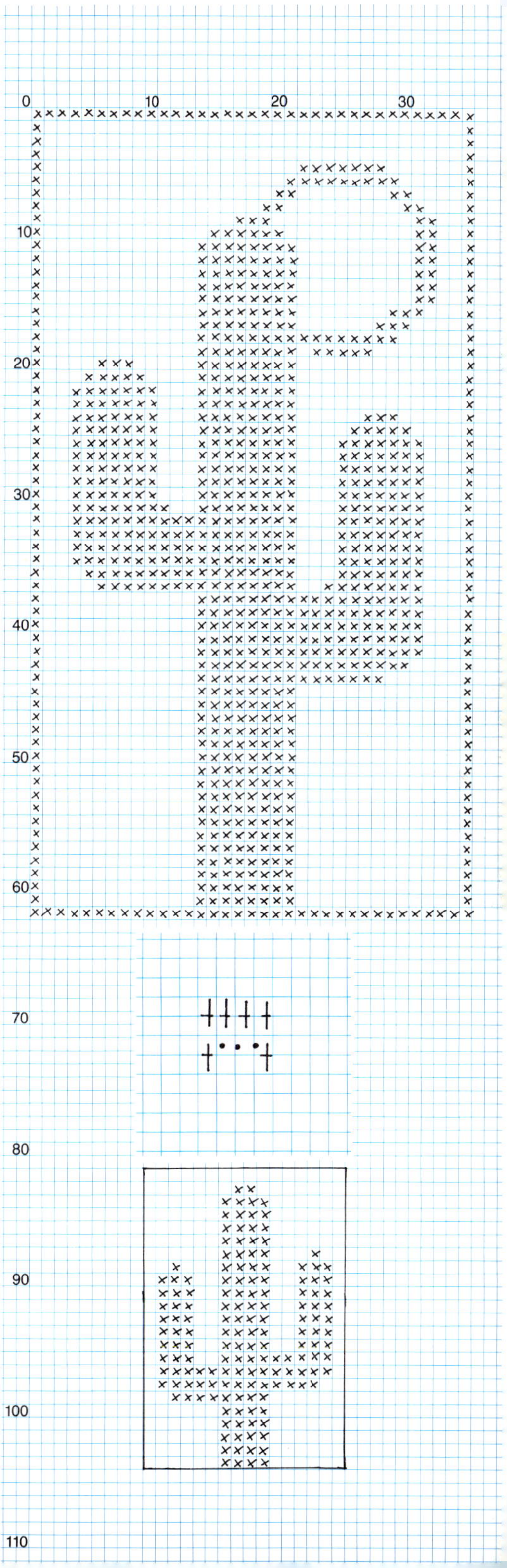
0
10
20
30
10
20
30
40
50
60
70
80
90
100
110

Schabracke

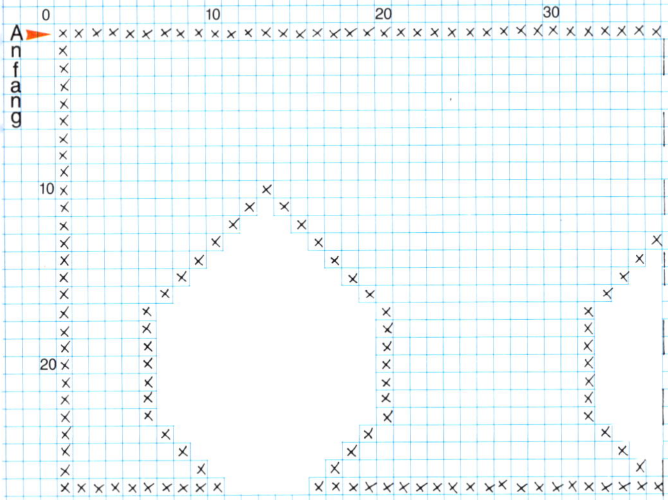

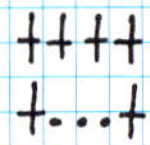

Material:
90 g Baumwollgarn, z. B. Sesia Nr. 3.
Häkelnadel Nr. 2,5.

Größe: 70 x 30 cm.

Anleitung:
Beginn an der Seite mit 85 Lm, danach 1 Reihe Stb. Nach Musterzeichnung arbeiten, beim Zu- und Abnehmen Häkelschrift dazunehmen.

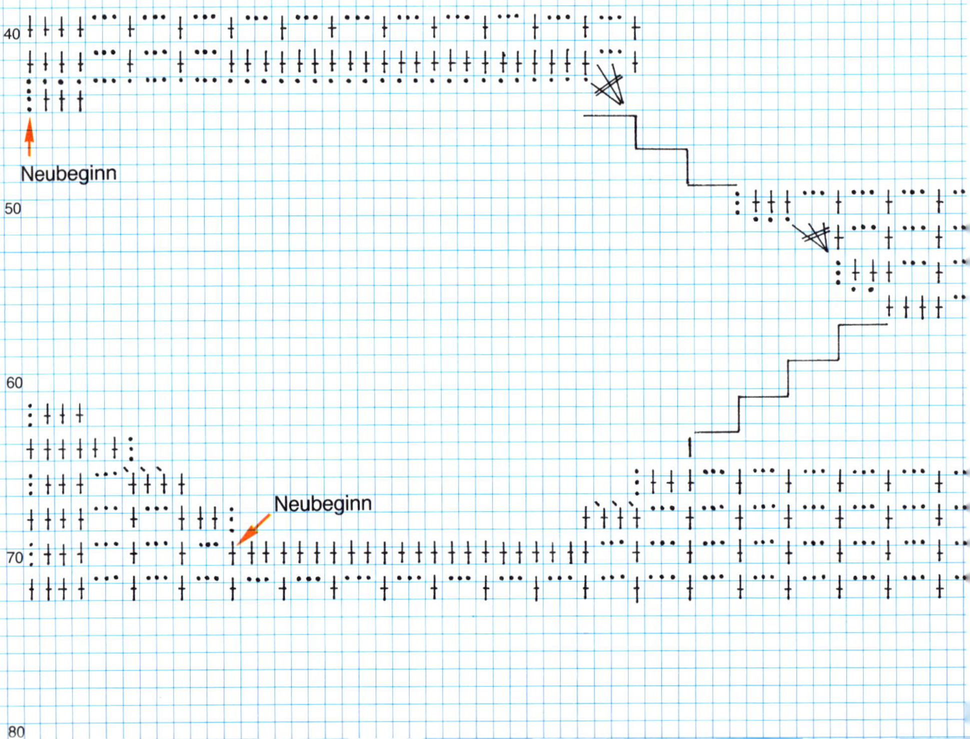

Perlschmetterling

Filet-Häkelei läßt sich gut mit Perlen kombinieren, die sofort miteingehäkelt werden. Ein Foto der Perlhäkelei befindet sich auf Seite 21.

Material:
10 g beigefarbenes Baumwollgarn, z. B. von MEZ Nr. 5 oder Alabama Nr. 8.
Häkelnadel Nr. 1,5.
Ca. 125 kleine Plastik- oder Glasperlen.
1 Holzrahmen, 16 x 16 cm, den man in Handarbeitsgeschäften kaufen kann.

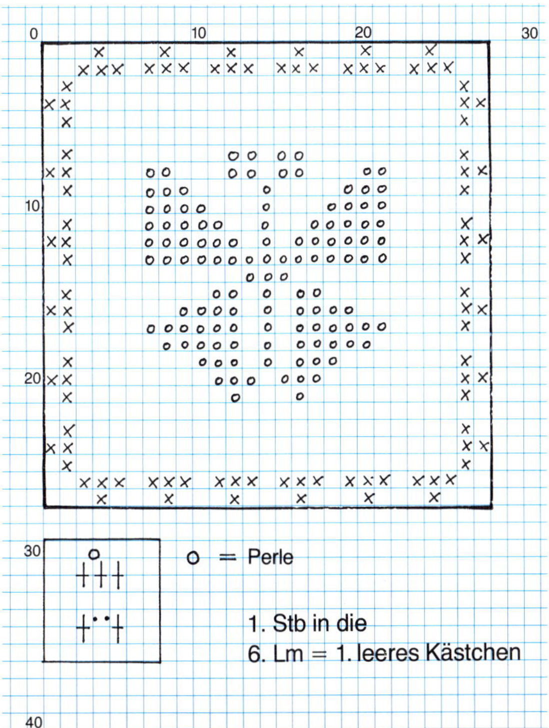

Anleitung:
Beginn mit 81 Lm. Nach Musterzeichnung arbeiten. In der 7. Reihe beginnt die Perlhäkelei. Dazu reißen Sie den Faden ab und fädeln die Perlen auf. Man holt sich je nach Bedarf die benötigten Perlen heran. Die Technik des Perlhäkelns ist nicht kompliziert, wenn man sich klarmacht, daß 1 gefülltes Kästchen aus 3 Stb besteht, wobei beim mittleren Stb nach dem 2. Umschlag 1 Perle mit eingehäkelt wird. Zum Schluß der Arbeit werden alle Perlen auf die Vorderseite gedrückt.

Stern (Abb. Umschlagrückseite)

Material:
25 g rotes Baumwollgarn, z. B. von Alabama Nr. 5 oder Filati Grignasco Nr. 8, Häkelnadel Nr. 2,5
1 Ring von 35 cm Durchmesser

Anleitung:
Der Stern wird in der Mitte begonnen mit 123 Lm Anschlag. Man arbeitet nach der Häkelschrift, die man entsprechend ergänzt und beginnt den 2. Teil an der Lmkette. Die restlichen 4 Zacken werden einzeln angehäkelt. Aus dem Detailfoto können Sie Genaueres entnehmen. Der Metallring wird ebenfalls mit dem roten Garn umwickelt. Nach dem Spannen wird der Stern an den 8 Zacken in den Ring eingenäht. Diese Arbeit ist nicht ganz leicht, man sollte vor allen Dingen schon mal nach Häkelschrift gearbeitet haben.

Tip: Wenn Sie den Stern mit Nadel Nr. 2 häkeln, paßt er in einen Ring von 30 cm Durchmesser.
Es ist natürlich auch möglich, sich aus verschiedenen Bildern ein *Weihnachtsfenster* zu gestalten, z. B. aus Eiskristall, Stern und Tannenbaum.

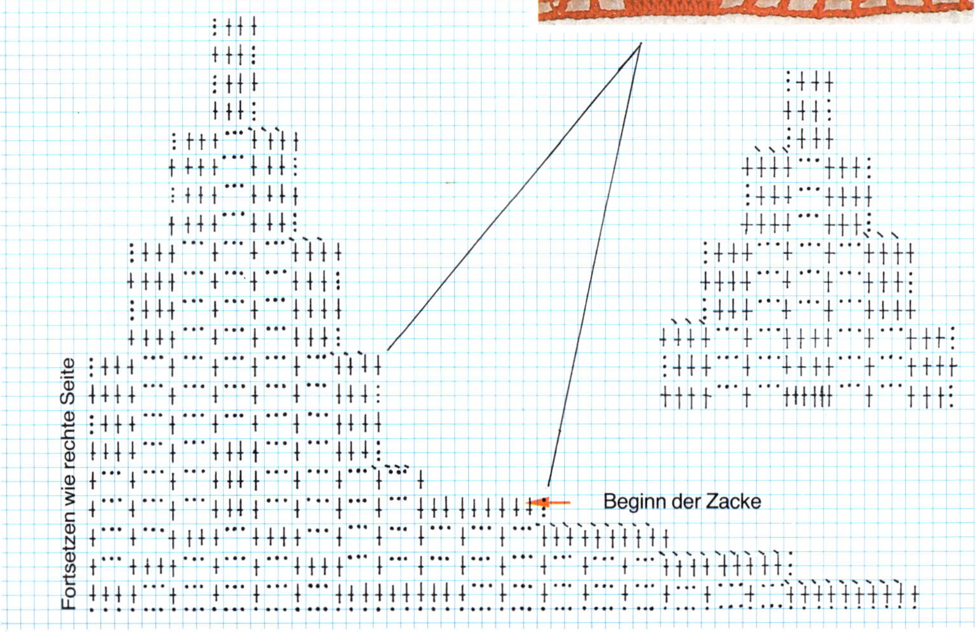

Eiskristall (Abb. S. 38)

Material:
20 g Baumwollgarn, z. B. Alabama Nr. 5.
Häkelnadel Nr. 2,5.
1 Metallring, 18 cm Durchmesser.

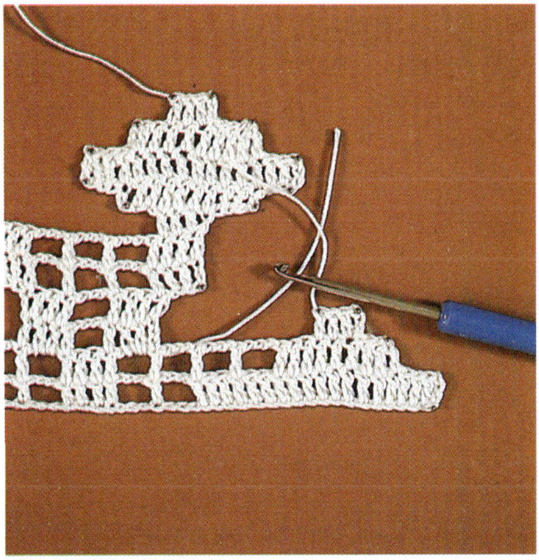

Die Arbeit beginnt in der Mitte mit 56 Lm. (s. Detailfoto). 1 Stb in die 4. Lm = 2 Stb sind gehäkelt. Arbeiten Sie nach der Häkelschrift. In dieser Arbeit kommen außer den üblichen Lm und Stb der Filethäkelei auch noch Km und Dstb vor. Die Sternchen werden z. Teil für sich angehäkelt.
Das Zu- und Abnehmen von Kästchen wird hier häufig praktiziert. Vielleicht schauen Sie nochmals im Filet-Häkel-ABC nach.

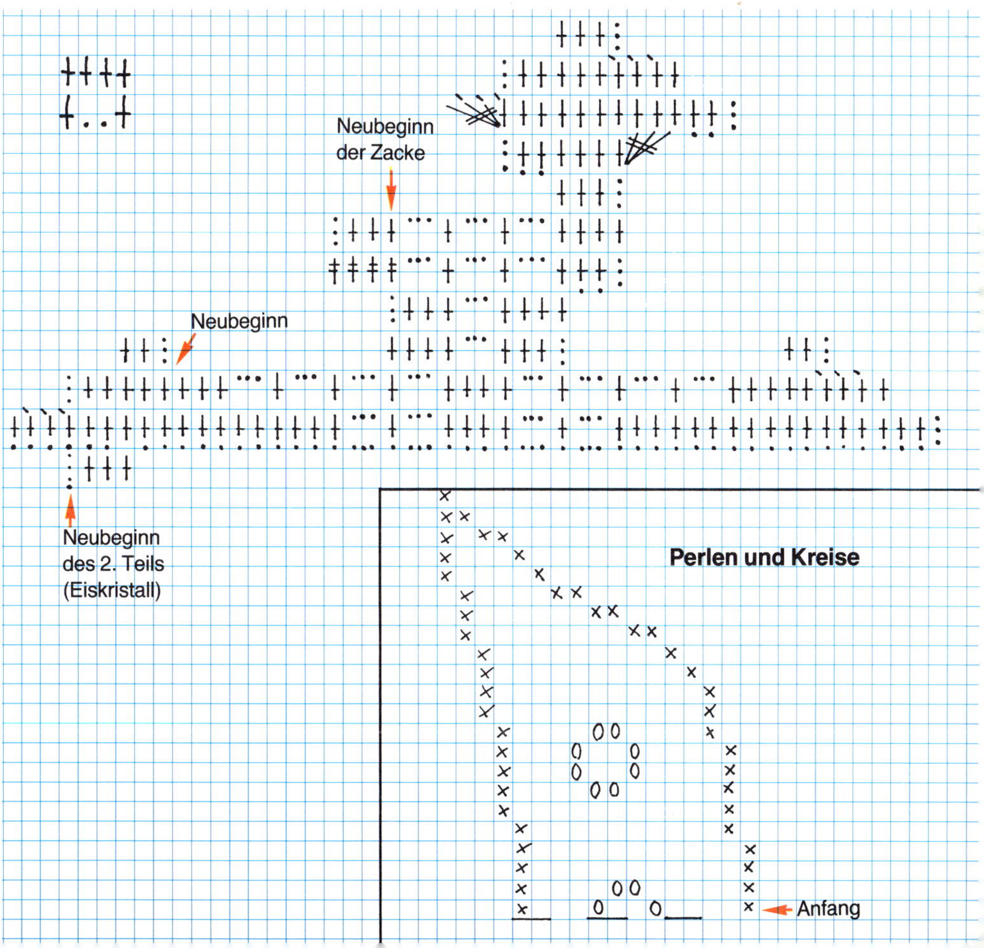

Perlen und Kreise

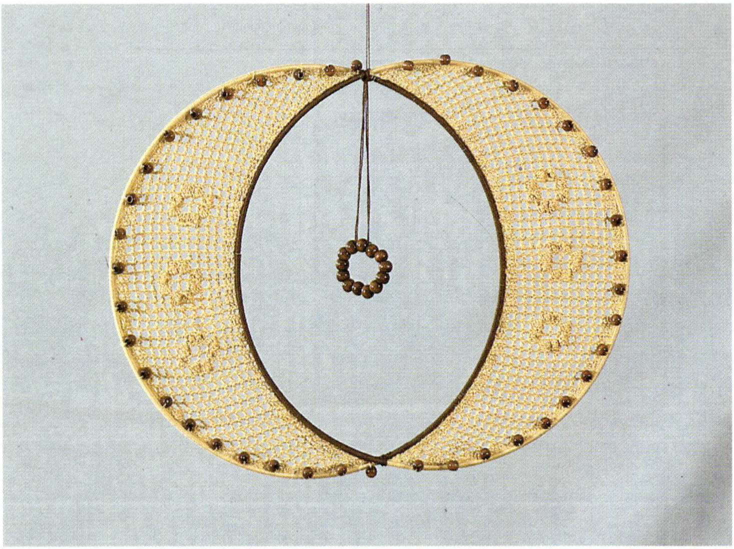

Material:
80 g gelbes Baumwollgarn, z. B. Picaud Art. 330 oder Sesia Nr. 3.
2 Ringe von 35 cm Durchmesser.
Ca. 55 Perlen (braun).
Ein Rest braunes Baumwollgarn zum Umwickeln der Ringe.

Anleitung: (Grafik S. 47)
Beginn der Arbeit in der Mitte mit 40 Lm. Schon in der 1. Reihe werden Popcornmaschen gehäkelt: Nach dem Abschlußstb des leeren Kästchens werden 4 Stb in 1 Lm gehäkelt, man zieht die Nadel aus der Schlinge und führt sie von vorne nach hinten wieder durch die Schlinge, häkelt 1 Lm und 1 Stb in die nächste Lm als Abschluß des gefülltes Kästchens. Bei den folgenden Reihen wird die Popcornmasche um den Lmbogen gehäkelt oder in die Mitte der Popcornmasche der vorigen Reihe.
Da es bei dieser Arbeit um Zu- und Abnehmen von Häkelarbeiten geht, ist es gut, sich im Häkel-ABC nochmals zu informieren.
Beginn des 2. Teils an der Lmkette des Anfangs und umgekehrt arbeiten. Die andere Seite des Ringes wird genauso gearbeitet.
Beide Ringe ca. 65 cm gelb umwickeln, evtl. mit Knopfloch- oder Schlingstich, dabei in gleichmäßigen Abständen Perlen mit einziehen. Den Rest der beiden Ringe mit braunem Garn umwickeln, ca. 40 cm, und beide Ringe zusammenfassen.
1 Kränzchen aus Perlen kann in die Mitte gehängt werden.

ISBN 3-7724-0560-6 · Best.-Nr. 809 · © 1982 · 1. Auflage 1982
frech-verlag GmbH + Co. Druck KG Stuttgart
Druck: Frech Stuttgart